book2

books in 2 languages

# book2 Deutsch - Serbisch für Anfänger

IMPRINT / IMPRESSUM

Johannes Schumann:
book2 Deutsch - Serbisch für Anfänger
EAN-13 (ISBN-13): 978-3-93-814136-6



Inquiries / Anfragen:
info@50languages.com
info@goethe-verlag.com

# Inhalt

1 [eins]

1 [један]
1 [jedan]

# Personen

# Лица
Lica

| | |
|---|---|
| ich | ја<br>ja |
| ich und du | ја и ти<br>ja i ti |
| wir beide | нас двоје<br>nas dvoje |
| er | он<br>on |
| er und sie | он и она<br>on i ona |
| sie beide | њих двоје<br>njih dvoje |
| der Mann | мушкарац<br>muškarac |
| die Frau | жена<br>žena |
| das Kind | дете<br>dete |

1 [eins]

Personen

1 [један]
1 [jedan]

Лица
Lica

| | |
|---|---|
| eine Familie | једна породица<br>jedna porodica |
| meine Familie | моја породица<br>moja porodica |
| Meine Familie ist hier. | Моја породица је овде.<br>Moja porodica je ovde. |
| Ich bin hier. | Ја сам овде.<br>Ja sam ovde. |
| Du bist hier. | Ти си овде.<br>Ti si ovde. |
| Er ist hier und sie ist hier. | Он је овде и она је овде.<br>On je ovde i ona je ovde. |
| Wir sind hier. | Ми смо овде.<br>Mi smo ovde. |
| Ihr seid hier. | Ви сте овде.<br>Vi ste ovde. |
| Sie sind alle hier. | Они су сви овде.<br>Oni su svi ovde. |

2 [zwei]

2 [два]
2 [dva]

# Familie

# Породица
Porodica

| | |
|---|---|
| der Großvater | деда<br>deda |
| die Großmutter | бака<br>baka |
| er und sie | он и она<br>on i ona |
| der Vater | отац<br>otac |
| die Mutter | мајка<br>majka |
| er und sie | он и она<br>on i ona |
| der Sohn | син<br>sin |
| die Tochter | кћерка<br>kćerka |
| er und sie | он и она<br>on i ona |

2 [zwei]

Familie

2 [два]
2 [dva]

Породица
Porodica

| | |
|---|---|
| der Bruder | брат<br>brat |
| die Schwester | сестра<br>sestra |
| er und sie | он и она<br>on i ona |
| | |
| der Onkel | ујак<br>ujak |
| die Tante | тетка<br>tetka |
| er und sie | он и она<br>on i ona |
| | |
| Wir sind eine Familie. | Ми смо породица.<br>Mi smo porodica. |
| Die Familie ist nicht klein. | Породица није мала.<br>Porodica nije mala. |
| Die Familie ist groß. | Породица је велика.<br>Porodica je velika. |

3 [drei]

## Kennen lernen

3 [три]
3 [tri]

## Упознати
Upoznati

| | |
|---|---|
| Hallo! | Здраво!<br>Zdravo! |
| Guten Tag! | Добар дан!<br>Dobar dan! |
| Wie geht's? | Како сте?<br>Kako ste? |
| Kommen Sie aus Europa? | Јесте ли Ви из Европе?<br>Jeste li Vi iz Evrope? |
| Kommen Sie aus Amerika? | Јесте ли Ви из Америке?<br>Jeste li Vi iz Amerike? |
| Kommen Sie aus Asien? | Јесте ли Ви из Азије?<br>Jeste li Vi iz Azije? |
| In welchem Hotel wohnen Sie? | У којем хотелу сте смештени?<br>U kojem hotelu ste smešteni? |
| Wie lange sind Sie schon hier? | Колико дуго сте већ овде?<br>Koliko dugo ste već ovde? |
| Wie lange bleiben Sie? | Колико дуго остајете?<br>Koliko dugo ostajete? |

3 [drei]

# Kennen lernen

3 [три]
3 [tri]

# Упознати
Upoznati

| | |
|---|---|
| Gefällt es Ihnen hier? | Допада ли Вам се овде?<br>Dopada li Vam se ovde? |
| Machen Sie hier Urlaub? | Јесте ли овде на годишњем одмору?<br>Jeste li ovde na godišnjem odmoru? |
| Besuchen Sie mich mal! | Посетите ме једном!<br>Posetite me jednom! |
| Hier ist meine Adresse. | Ово је моја адреса.<br>Ovo je moja adresa. |
| Sehen wir uns morgen? | Хоћемо ли се сутра видети?<br>Hoćemo li se sutra videti? |
| Tut mir Leid, ich habe schon etwas vor. | Жао ми је, имам већ сутра нешто договорено.<br>Žao mi je, imam već sutra nešto dogovoreno. |
| Tschüs! | Ћао!<br>Ćao! |
| Auf Wiedersehen! | Довиђења!<br>Doviđenja! |
| Bis bald! | До ускоро!<br>Do uskoro! |

4 [vier]

# In der Schule

4 [четири]
4 [četiri]

# У школи

U školi

Wo sind wir?
Где смо ми?
Gde smo mi?

Wir sind in der Schule.
Ми смо у школи.
Mi smo u školi.

Wir haben Unterricht.
Імамо наставу.
Imamo nastavu.

Das sind die Schüler.
Ово су ученици.
Ovo su učenici.

Das ist die Lehrerin.
Ово је учитељица.
Ovo je učiteljica.

Das ist die Klasse.
Ово је разред.
Ovo je razred.

Was machen wir?
Шта радимо?
Šta radimo?

Wir lernen.
Учимо.
Učimo.

Wir lernen eine Sprache.
Учимо језик.
Učimo jezik.

4 [vier]

4 [четири]
4 [četiri]

# In der Schule

# У школи
U školi

| | |
|---|---|
| Ich lerne Englisch. | Учим енглески.<br>Učim engleski. |
| Du lernst Spanisch. | Учиш шпански.<br>Učiš španski. |
| Er lernt Deutsch. | Он учи немачки.<br>On uči nemački. |
| Wir lernen Französisch. | Учимо француски.<br>Učimo francuski. |
| Ihr lernt Italienisch. | Учите италијански.<br>Učite italijanski. |
| Sie lernen Russisch. | Они уче руски.<br>Oni uče ruski. |
| Sprachen lernen ist interessant. | Учити језике је интересантно.<br>Učiti jezike je interesantno. |
| Wir wollen Menschen verstehen. | Желимо разумети људе.<br>Želimo razumeti ljude. |
| Wir wollen mit Menschen sprechen. | Желимо разговарати са људима.<br>Želimo razgovarati sa ljudima. |

5 [fünf]

5 [пет]
5 [pet]

## Länder und Sprachen

## Земље и језици
Zemlje i jezici

| | |
|---|---|
| John ist aus London. | Џон је из Лондона.<br>DŽon je iz Londona. |
| London liegt in Großbritannien. | Лондон је у Великој Британији.<br>London je u Velikoj Britaniji. |
| Er spricht Englisch. | Он говори енглески.<br>On govori engleski. |
| Maria ist aus Madrid. | Марија је из Мадрида.<br>Marija je iz Madrida. |
| Madrid liegt in Spanien. | Мадрид је у Шпанији.<br>Madrid je u Španiji. |
| Sie spricht Spanisch. | Она говори шпански.<br>Ona govori španski. |
| Peter und Martha sind aus Berlin. | Петер и Марта су из Берлина.<br>Peter i Marta su iz Berlina. |
| Berlin liegt in Deutschland. | Берлин је у Немачкој.<br>Berlin je u Nemačkoj. |
| Sprecht ihr beide Deutsch? | Говорите ли обоје немачки?<br>Govorite li oboje nemački? |

5 [fünf]

# Länder und Sprachen

5 [пет]
5 [pet]

# Земље и језици
Zemlje i jezici

London ist eine Hauptstadt.
Лондон је главни град.
London je glavni grad.

Madrid und Berlin sind auch Hauptstädte.
Мадрид и Берлин су такође главни градови.
Madrid i Berlin su takođe glavni gradovi.

Die Hauptstädte sind groß und laut.
Главни градови су велики и бучни.
Glavni gradovi su veliki i bučni.

Frankreich liegt in Europa.
Француска је у Европи.
Francuska je u Evropi.

Ägypten liegt in Afrika.
Египат је у Африци.
Egipat je u Africi.

Japan liegt in Asien.
Јапан је у Азији.
Japan je u Aziji.

Kanada liegt in Nordamerika.
Канада је у Северној Америци.
Kanada je u Severnoj Americi.

Panama liegt in Mittelamerika.
Панама је у Средњој Америци.
Panama je u Srednjoj Americi.

Brasilien liegt in Südamerika.
Бразил је у Јужној Америци.
Brazil je u Južnoj Americi.

6 [sechs]

# Lesen und schreiben

6 [шест]
6 [šest]

# Читати и писати

Čitati i pisati

| | |
|---|---|
| Ich lese. | Ја читам.<br>Ja čitam. |
| Ich lese einen Buchstaben. | Ја читам једно слово.<br>Ja čitam jedno slovo. |
| Ich lese ein Wort. | Ја читам једну реч.<br>Ja čitam jednu reč. |
| Ich lese einen Satz. | Ја читам једну реченицу.<br>Ja čitam jednu rečenicu. |
| Ich lese einen Brief. | Ја читам једно писмо.<br>Ja čitam jedno pismo. |
| Ich lese ein Buch. | Ја читам једну књигу.<br>Ja čitam jednu knjigu. |
| Ich lese. | Ја читам.<br>Ja čitam. |
| Du liest. | Ти читаш.<br>Ti čitaš. |
| Er liest. | Он чита.<br>On čita. |

6 [sechs]

Lesen und schreiben

6 [шест]
6 [šest]

Читати и писати
Čitati i pisati

| | |
|---|---|
| Ich schreibe. | Ја пишем.<br>Ja pišem. |
| Ich schreibe einen Buchstaben. | Ја пишем једно слово.<br>Ja pišem jedno slovo. |
| Ich schreibe ein Wort. | Ја пишем једну реч.<br>Ja pišem jednu reč. |
| Ich schreibe einen Satz. | Ја пишем једну реченицу.<br>Ja pišem jednu rečenicu. |
| Ich schreibe einen Brief. | Ја пишем једно писмо.<br>Ja pišem jedno pismo. |
| Ich schreibe ein Buch. | Ја пишем једну књигу.<br>Ja pišem jednu knjigu. |
| Ich schreibe. | Ја пишем.<br>Ja pišem. |
| Du schreibst. | Ти пишеш.<br>Ti pišeš. |
| Er schreibt. | Он пише.<br>On piše. |

7 [sieben]

Zahlen

7 [седам]
7 [sedam]

Бројеви
Brojevi

| | |
|---|---|
| Ich zähle: | Ја бројим:<br>Ja brojim: |
| eins, zwei, drei | један, два, три<br>jedan, dva, tri |
| Ich zähle bis drei. | Ја бројим до три.<br>Ja brojim do tri. |
| Ich zähle weiter: | Ја бројим даље:<br>Ja brojim dalje: |
| vier, fünf, sechs, | четири, пет, шест,<br>četiri, pet, šest, |
| sieben, acht, neun | седам, осам, девет<br>sedam, osam, devet |
| Ich zähle. | Ја бројим.<br>Ja brojim. |
| Du zählst. | Ти бројиш.<br>Ti brojiš. |
| Er zählt. | Он броји.<br>On broji. |

7 [sieben]

Zahlen

7 [седам]
7 [sedam]

Бројеви
Brojevi

| | |
|---|---|
| Eins. Der Erste. | Један. Први.<br>Jedan. Prvi. |
| Zwei. Der Zweite. | Два. Други.<br>Dva. Drugi. |
| Drei. Der Dritte. | Три. Трећи.<br>Tri. Treći. |
| Vier. Der Vierte. | Четири. Четврти.<br>Četiri. Četvrti. |
| Fünf. Der Fünfte. | Пет. Пети.<br>Pet. Peti. |
| Sechs. Der Sechste. | Шест. Шести.<br>Šest. Šesti. |
| Sieben. Der Siebte. | Седам. Седми.<br>Sedam. Sedmi. |
| Acht. Der Achte. | Осам. Осми.<br>Osam. Osmi. |
| Neun. Der Neunte. | Девет. Девети.<br>Devet. Deveti. |

8 [acht]

8 [осам]
8 [osam]

# Uhrzeiten

# Сати
Sati

| | |
|---|---|
| Entschuldigen Sie! | Извините!<br>Izvinite! |
| Wie viel Uhr ist es, bitte? | Молим Вас колико је сати?<br>Molim Vas koliko je sati? |
| Danke vielmals. | Много хвала.<br>Mnogo hvala. |
| Es ist ein Uhr. | Један је сат.<br>Jedan je sat. |
| Es ist zwei Uhr. | Два су сата.<br>Dva su sata. |
| Es ist drei Uhr. | Три су сата.<br>Tri su sata. |
| Es ist vier Uhr. | Четири су сата.<br>Četiri su sata. |
| Es ist fünf Uhr. | Пет је часова.<br>Pet je časova. |
| Es ist sechs Uhr. | Шест је часова.<br>Šest je časova. |

8 [acht]

Uhrzeiten

8 [осам]
8 [osam]

Сати
Sati

| | |
|---|---|
| Es ist sieben Uhr. | Седам је часова.<br>Sedam je časova. |
| Es ist acht Uhr. | Осам је часова.<br>Osam je časova. |
| Es ist neun Uhr. | Девет је часова .<br>Devet je časova . |
| Es ist zehn Uhr. | Десет је часова.<br>Deset je časova. |
| Es ist elf Uhr. | Једанаест је часова.<br>Jedanaest je časova. |
| Es ist zwölf Uhr. | Дванаест је часова.<br>Dvanaest je časova. |
| Eine Minute hat sechzig Sekunden. | Једна минута има шездесет секунди.<br>Jedna minuta ima šezdeset sekundi. |
| Eine Stunde hat sechzig Minuten. | Један сат има шездесет минута.<br>Jedan sat ima šezdeset minuta. |
| Ein Tag hat vierundzwanzig Stunden. | Један дан има двадесет и четири сата.<br>Jedan dan ima dvadeset i četiri sata. |

9 [neun]

# Wochentage

9 [девет]
9 [devet]

# Дани у седмици
Dani u sedmici

| | |
|---|---|
| der Montag | Понедељак<br>Ponedeljak |
| der Dienstag | Уторак<br>Utorak |
| der Mittwoch | Среда<br>Sreda |
| der Donnerstag | Четвртак<br>Četvrtak |
| der Freitag | Петак<br>Petak |
| der Samstag | Субота<br>Subota |
| der Sonntag | Недеља<br>Nedelja |
| die Woche | Седмица<br>Sedmica |
| von Montag bis Sonntag | од понедељка до недеље<br>od ponedeljka do nedelje |

9 [neun]

Wochentage

9 [девет]
9 [devet]

Дани у седмици
Dani u sedmici

Der erste Tag ist Montag.
Први дан је понедељак.
Prvi dan je ponedeljak.

Der zweite Tag ist Dienstag.
Други дан је уторак.
Drugi dan je utorak.

Der dritte Tag ist Mittwoch.
Трећи дан је среда.
Treći dan je sreda.

Der vierte Tag ist Donnerstag.
Четврти дан је четвртак.
Četvrti dan je četvrtak.

Der fünfte Tag ist Freitag.
Пети дан је петак.
Peti dan je petak.

Der sechste Tag ist Samstag.
Шести дан је субота.
Šesti dan je subota.

Der siebte Tag ist Sonntag.
Седми дан је недеља.
Sedmi dan je nedelja.

Die Woche hat sieben Tage.
Седмица има седам дана.
Sedmica ima sedam dana.

Wir arbeiten nur fünf Tage.
Ми радимо само пет дана.
Mi radimo samo pet dana.

10 [zehn]

Gestern – heute – morgen

10 [десет]
10 [deset]

Јуче – данас – сутра
Juče – danas – sutra

| | |
|---|---|
| Gestern war Samstag. | Јуче је била субота.<br>Juče je bila subota. |
| Gestern war ich im Kino. | Јуче сам био / била у биоскопу.<br>Juče sam bio / bila u bioskopu. |
| Der Film war interessant. | Филм је био интересантан.<br>Film je bio interesantan. |
| Heute ist Sonntag. | Данас је недеља.<br>Danas je nedelja. |
| Heute arbeite ich nicht. | Данас не радим.<br>Danas ne radim. |
| Ich bleibe zu Hause. | Остајем код куће.<br>Ostajem kod kuće. |
| Morgen ist Montag. | Сутра је понедељак.<br>Sutra je ponedeljak. |
| Morgen arbeite ich wieder. | Сутра поново радим.<br>Sutra ponovo radim. |
| Ich arbeite im Büro. | Ја радим у бироу.<br>Ja radim u birou. |

10 [zehn]

Gestern – heute – morgen

10 [десет]
10 [deset]

Јуче – данас – сутра
Juče – danas – sutra

| | |
|---|---|
| Wer ist das? | Ко је то?<br>Ko je to? |
| Das ist Peter. | То је Петер.<br>To je Peter. |
| Peter ist Student. | Петер је студент.<br>Peter je student. |
| Wer ist das? | Ко је то?<br>Ko je to? |
| Das ist Martha. | То је Марта.<br>To je Marta. |
| Martha ist Sekretärin. | Марта је секретарица.<br>Marta je sekretarica. |
| Peter und Martha sind Freunde. | Петер и Марта су пријатељи.<br>Peter i Marta su prijatelji. |
| Peter ist der Freund von Martha. | Петер је Мартин пријатељ.<br>Peter je Martin prijatelj. |
| Martha ist die Freundin von Peter. | Марта је Петерова пријатељица.<br>Marta je Peterova prijateljica. |

11 [elf]

11 [једанаест]

11 [jedanaest]

Monate

Месеци

Meseci

| | |
|---|---|
| der Januar | јануар<br>januar |
| der Februar | фебруар<br>februar |
| der März | март<br>mart |
| der April | април<br>april |
| der Mai | мај<br>maj |
| der Juni | јуни<br>juni |
| Das sind sechs Monate. | То је шест месеци.<br>To je šest meseci. |
| Januar, Februar, März, | Јануар, фебруар, март,<br>Januar, februar, mart, |
| April, Mai und Juni. | април, мај и јун.<br>april, maj i jun. |

11 [elf]

Monate

11 [једанаест]
11 [jedanaest]

Месеци
Meseci

| | |
|---|---|
| der Juli | јули<br>juli |
| der August | август<br>avgust |
| der September | септембар<br>septembar |
| der Oktober | октобар<br>oktobar |
| der November | новембар<br>novembar |
| der Dezember | децембар<br>decembar |
| Das sind auch sechs Monate. | То је такође шест месеци.<br>To je takođe šest meseci. |
| Juli, August, September, | Јули, август, септембар,<br>Juli, avgust, septembar, |
| Oktober, November und Dezember. | октобар, новембар и децембар.<br>oktobar, novembar i decembar. |

12 [zwölf]

Getränke

12 [дванаест]
12 [dvanaest]

Напици
Napitci

| | |
|---|---|
| Ich trinke Tee. | Ја пијем чај.<br>Ja pijem čaj. |
| Ich trinke Kaffee. | Ја пијем кафу.<br>Ja pijem kafu. |
| Ich trinke Mineralwasser. | Ја пијем минералну воду.<br>Ja pijem mineralnu vodu. |
| Trinkst du Tee mit Zitrone? | Пијеш ли ти чај са лимуном?<br>Piješ li ti čaj sa limunom? |
| Trinkst du Kaffee mit Zucker? | Пијеш ли ти кафу са шећером?<br>Piješ li ti kafu sa šećerom? |
| Trinkst du Wasser mit Eis? | Пијеш ли ти воду са ледом?<br>Piješ li ti vodu sa ledom? |
| Hier ist eine Party. | Овде је забава.<br>Ovde je zabava. |
| Die Leute trinken Sekt. | Људи пију шампањац.<br>Ljudi piju šampanjac. |
| Die Leute trinken Wein und Bier. | Људи пију вино и пиво.<br>Ljudi piju vino i pivo. |

12 [zwölf]

Getränke

12 [дванаест]
12 [dvanaest]

Напици
Napitci

| | |
|---|---|
| Trinkst du Alkohol? | Пијеш ли ти алкохол?<br>Piješ li ti alkohol? |
| Trinkst du Whisky? | Пијеш ли ти виски?<br>Piješ li ti viski? |
| Trinkst du Cola mit Rum? | Пијеш ли ти колу с румом?<br>Piješ li ti kolu s rumom? |
| Ich mag keinen Sekt. | Ја не волим шампањац.<br>Ja ne volim šampanjac. |
| Ich mag keinen Wein. | Ја не волим вино.<br>Ja ne volim vino. |
| Ich mag kein Bier. | Ја не волим пиво.<br>Ja ne volim pivo. |
| Das Baby mag Milch. | Беба воли млеко.<br>Beba voli mleko. |
| Das Kind mag Kakao und Apfelsaft. | Дете воли какао и сок од јабуке.<br>Dete voli kakao i sok od jabuke. |
| Die Frau mag Orangensaft und Grapefruitsaft. | Жена воли сок од поморанџе и сок од грејпфрута.<br>Žena voli sok od pomorandže i sok od grejpfruta. |

13 [dreizehn]

13 [тринаест]

13 [trinaest]

## Tätigkeiten

## Делатности

Delatnosti

| | |
|---|---|
| Was macht Martha? | Шта ради Марта?<br>Šta radi Marta? |
| Sie arbeitet im Büro. | Она ради у бироу.<br>Ona radi u birou. |
| Sie arbeitet am Computer. | Она ради на компјутеру.<br>Ona radi na kompjuteru. |
| Wo ist Martha? | Где је Марта?<br>Gde je Marta? |
| Im Kino. | У биоскопу.<br>U bioskopu. |
| Sie schaut sich einen Film an. | Она гледа филм.<br>Ona gleda film. |
| Was macht Peter? | Шта ради Петер?<br>Šta radi Peter? |
| Er studiert an der Universität. | Он студира на универзитету.<br>On studira na univerzitetu. |
| Er studiert Sprachen. | Он студира језике.<br>On studira jezike. |

13 [dreizehn]

13 [тринаест]
13 [trinaest]

# Tätigkeiten

# Делатности
Delatnosti

| | |
|---|---|
| Wo ist Peter? | Где је Петер?<br>Gde je Peter? |
| Im Café. | У кафићу.<br>U kafiću. |
| Er trinkt Kaffee. | Он пије кафу.<br>On pije kafu. |
| | |
| Wohin gehen sie gern? | Куда радо иду?<br>Kuda rado idu? |
| Ins Konzert. | На концерт.<br>Na koncert. |
| Sie hören gern Musik. | Они радо слушају музику.<br>Oni rado slušaju muziku. |
| | |
| Wohin gehen sie nicht gern? | Куда они не иду радо?<br>Kuda oni ne idu rado? |
| In die Disco. | У диско.<br>U disko. |
| Sie tanzen nicht gern. | Они не плешу радо.<br>Oni ne plešu rado. |

14 [vierzehn]

14 [четрнаест]
14 [četrnaest]

## Farben

## Боје
Boje

Der Schnee ist weiß.
Снег је бео.
Sneg je beo.

Die Sonne ist gelb.
Сунце је жуто.
Sunce je žuto.

Die Orange ist orange.
Поморанџа је наранџаста.
Pomorandža je narandžasta.

Die Kirsche ist rot.
Трешња је црвена.
Trešnja je crvena.

Der Himmel ist blau.
Небо је плаво.
Nebo je plavo.

Das Gras ist grün.
Трава је зелена.
Trava je zelena.

Die Erde ist braun.
Земља је смеђа.
Zemlja je smeđa.

Die Wolke ist grau.
Облак је сив.
Oblak je siv.

Die Reifen sind schwarz.
Гуме су црне.
Gume su crne.

14 [vierzehn]

14 [четрнаест]
14 [četrnaest]

## Farben

## Боје
Boje

Welche Farbe hat der Schnee? Weiß.
Које боје је снег? Беле.
Koje boje je sneg? Bele.

Welche Farbe hat die Sonne? Gelb.
Које боје је сунце? Жуте.
Koje boje je sunce? Žute.

Welche Farbe hat die Orange? Orange.
Које боје је поморанџа? Наранџасте.
Koje boje je pomorandža? Narandžaste.

Welche Farbe hat die Kirsche? Rot.
Које боје је трешња? Црвене.
Koje boje je trešnja? Crvene.

Welche Farbe hat der Himmel? Blau.
Које боје је небо? Плаве.
Koje boje je nebo? Plave.

Welche Farbe hat das Gras? Grün.
Које боје је трава? Зелене.
Koje boje je trava? Zelene.

Welche Farbe hat die Erde? Braun.
Које боје је земља? Смеђе.
Koje boje je zemlja? Smeđe.

Welche Farbe hat die Wolke? Grau.
Које боје је облак? Сиве.
Koje boje je oblak? Sive.

Welche Farbe haben die Reifen? Schwarz.
Које боје су гуме? Црне.
Koje boje su gume? Crne.

15 [fünfzehn]

# Früchte und Lebensmittel

15 [петнаест]
15 [petnaest]

# Воће и животне намирнице

Voće i životne namirnice

| | |
|---|---|
| Ich habe eine Erdbeere. | Ја имам јагоду.<br>Ja imam jagodu. |
| Ich habe eine Kiwi und eine Melone. | Ја имам киви и лубеницу.<br>Ja imam kivi i lubenicu. |
| Ich habe eine Orange und eine Grapefruit. | Ја имам поморанџу и грејпфрут.<br>Ja imam pomorandžu i grejpfrut. |
| Ich habe einen Apfel und eine Mango. | Ја имам јабуку и један манго.<br>Ja imam jabuku i jedan mango. |
| Ich habe eine Banane und eine Ananas. | Ја имам банану и ананас.<br>Ja imam bananu i ananas. |
| Ich mache einen Obstsalat. | Ја правим воћну салату.<br>Ja pravim voćnu salatu. |
| Ich esse einen Toast. | Ја једем тост.<br>Ja jedem tost. |
| Ich esse einen Toast mit Butter. | Ја једем тост с путером.<br>Ja jedem tost s puterom. |
| Ich esse einen Toast mit Butter und Marmelade. | Ја једем тост с путером и мармеладом.<br>Ja jedem tost s puterom i marmeladom. |

15 [fünfzehn]

# Früchte und Lebensmittel

15 [петнаест]
15 [petnaest]

# Воће и животне намирнице

Voće i životne namirnice

| | |
|---|---|
| Ich esse ein Sandwich. | Ја једем сендвич.<br>Ja jedem sendvič. |
| Ich esse ein Sandwich mit Margarine. | Ја једем сендвич с маргарином.<br>Ja jedem sendvič s margarinom. |
| Ich esse ein Sandwich mit Margarine und Tomate. | Ја једем сендвич с маргарином и парадајзом.<br>Ja jedem sendvič s margarinom i paradajzom. |
| Wir brauchen Brot und Reis. | Ми требамо хлеба и пиринча.<br>Mi trebamo hleba i pirinča. |
| Wir brauchen Fisch und Steaks. | Ми требамо рибу и стекове.<br>Mi trebamo ribu i stekove. |
| Wir brauchen Pizza und Spagetti. | Ми требамо пицу и шпагете.<br>Mi trebamo picu i špagete. |
| Was brauchen wir noch? | Шта још требамо?<br>Šta još trebamo? |
| Wir brauchen Karotten und Tomaten für die Suppe. | Ми требамо шаргарепу и парадајз за супу.<br>Mi trebamo šargarepu i paradajz za supu. |
| Wo ist ein Supermarkt? | Где је супермаркет?<br>Gde je supermarket? |

16 [sechzehn]

# Jahreszeiten und Wetter

16 [шеснаест]

16 [šesnaest]

# Годишња доба и време

Godišnja doba i vreme

| | |
|---|---|
| Das sind die Jahreszeiten: | Ово су годишња доба:<br>Ovo su godišnja doba: |
| Der Frühling, der Sommer, | Пролеће, лето,<br>Proleće, leto, |
| der Herbst und der Winter. | јесен и зима.<br>jesen i zima. |
| Der Sommer ist heiß. | Лето је вруће.<br>Leto je vruće. |
| Im Sommer scheint die Sonne. | Лети сија сунце.<br>Leti sija sunce. |
| Im Sommer gehen wir gern spazieren. | Лети радо идемо шетати.<br>Leti rado idemo šetati. |
| Der Winter ist kalt. | Зима је хладна.<br>Zima je hladna. |
| Im Winter schneit oder regnet es. | Зими пада снег или киша.<br>Zimi pada sneg ili kiša. |
| Im Winter bleiben wir gern zu Hause. | Зими радо остајемо код куће.<br>Zimi rado ostajemo kod kuće. |

16 [sechzehn]

# Jahreszeiten und Wetter

16 [шеснаест]
16 [šesnaest]

# Годишња доба и време

Godišnja doba i vreme

| | |
|---|---|
| Es ist kalt. | Хладно је.<br>Hladno je. |
| Es regnet. | Пада киша.<br>Pada kiša. |
| Es ist windig. | Ветровито је.<br>Vetrovito je. |
| Es ist warm. | Топло је.<br>Toplo je. |
| Es ist sonnig. | Сунчано је.<br>Sunčano je. |
| Es ist heiter. | Ведро је.<br>Vedro je. |
| Wie ist das Wetter heute? | Какво је време данас?<br>Kakvo je vreme danas? |
| Es ist kalt heute. | Данас је хладно.<br>Danas je hladno. |
| Es ist warm heute. | Данас је топло.<br>Danas je toplo. |

17 [siebzehn]

# Im Haus

17 [седамнаест]
17 [sedamnaest]

# У кући
U kući

| | |
|---|---|
| Hier ist unser Haus. | Овде је наша кућа.<br>Ovde je naša kuća. |
| Oben ist das Dach. | Горе је кров.<br>Gore je krov. |
| Unten ist der Keller. | Доле је подрум.<br>Dole je podrum. |
| Hinter dem Haus ist ein Garten. | Иза куће је врт.<br>Iza kuće je vrt. |
| Vor dem Haus ist keine Straße. | Пред кућом нема улице.<br>Pred kućom nema ulice. |
| Neben dem Haus sind Bäume. | Поред куће је дрвеће.<br>Pored kuće je drveće. |
| Hier ist meine Wohnung. | Овде је мој стан.<br>Ovde je moj stan. |
| Hier ist die Küche und das Bad. | Овде су кухиња и купатило.<br>Ovde su kuhinja i kupatilo. |
| Dort sind das Wohnzimmer und das Schlafzimmer. | Тамо је дневна соба и спаваћа соба.<br>Tamo je dnevna soba i spavaća soba. |

17 [siebzehn]

17 [седамнаест]
17 [sedamnaest]

# Im Haus

# У кући
U kući

| | |
|---|---|
| Die Haustür ist geschlossen. | Врата куће су затворена.<br>Vrata kuće su zatvorena. |
| Aber die Fenster sind offen. | Али прозори су отворени.<br>Ali prozori su otvoreni. |
| Es ist heiß heute. | Данас је вруће.<br>Danas je vruće. |
| Wir gehen in das Wohnzimmer. | Ми идемо у дневну собу.<br>Mi idemo u dnevnu sobu. |
| Dort sind ein Sofa und ein Sessel. | Тамо су софа и фотеља.<br>Tamo su sofa i fotelja. |
| Setzen Sie sich! | Седните!<br>Sednite! |
| Dort steht mein Computer. | Тамо стоји мој компјутер.<br>Tamo stoji moj kompjuter. |
| Dort steht meine Stereoanlage. | Тамо стоји моја музичка линија.<br>Tamo stoji moja muzička linija. |
| Der Fernseher ist ganz neu. | Телевизор је потпуно нов.<br>Televizor je potpuno nov. |

18 [achtzehn]

# Hausputz

18 [осамнаест]
18 [osamnaest]

# Чишћење куће
Ćišćenje kuće

| | |
|---|---|
| Heute ist Samstag. | Данас је субота.<br>Danas je subota. |
| Heute haben wir Zeit. | Данас имамо времена.<br>Danas imamo vremena. |
| Heute putzen wir die Wohnung. | Данас чистимо стан.<br>Danas čistimo stan. |
| Ich putze das Bad. | Ја чистим купатило.<br>Ja čistim kupatilo. |
| Mein Mann wäscht das Auto. | Мој муж пере ауто.<br>Moj muž pere auto. |
| Die Kinder putzen die Fahrräder. | Деца перу бицикла.<br>Deca peru bicikla. |
| Oma gießt die Blumen. | Бака залива цвеће.<br>Baka zaliva cveće. |
| Die Kinder räumen das Kinderzimmer auf. | Деца поспремају дечију собу.<br>Deca pospremaju dečiju sobu. |
| Mein Mann räumt seinen Schreibtisch auf. | Мој муж поспрема свој писаћи сто.<br>Moj muž posprema svoj pisaći sto. |

18 [achtzehn]

# Hausputz

18 [осамнаест]
18 [osamnaest]

# Чишћење куће
Ćišćenje kuće

| | |
|---|---|
| Ich stecke die Wäsche in die Waschmaschine. | Ја стављам веш у машину за прање веша.<br>Ja stavljam veš u mašinu za pranje veša. |
| Ich hänge die Wäsche auf. | Ја простирем веш.<br>Ja prostirem veš. |
| Ich bügele die Wäsche. | Ја пеглам веш.<br>Ja peglam veš. |
| Die Fenster sind schmutzig. | Прозори су прљави.<br>Prozori su prljavi. |
| Der Fußboden ist schmutzig. | Под је прљав.<br>Pod je prljav. |
| Das Geschirr ist schmutzig. | Посуђе је прљаво.<br>Posuđe je prljavo. |
| Wer putzt die Fenster? | Ко чисти прозоре?<br>Ko čisti prozore? |
| Wer saugt Staub? | Ко усисава прашину?<br>Ko usisava prašinu? |
| Wer spült das Geschirr? | Ко пере посуђе?<br>Ko pere posuđe? |

19 [neunzehn]

In der Küche

19 [деветнаест]
19 [devetnaest]

У кухињи
U kuhinji

| | |
|---|---|
| Hast du eine neue Küche? | Имаш ли нову кухињу?<br>Imaš li novu kuhinju? |
| Was willst du heute kochen? | Шта ћеш данас кувати?<br>Šta ćeš danas kuvati? |
| Kochst du elektrisch oder mit Gas? | Куваш ли на струју или на гас?<br>Kuvaš li na struju ili na gas? |
| Soll ich die Zwiebeln schneiden? | Требам ли изрезати лук?<br>Trebam li izrezati luk? |
| Soll ich die Kartoffeln schälen? | Требам ли огулити кромпир?<br>Trebam li oguliti krompir? |
| Soll ich den Salat waschen? | Требам ли опрати салату?<br>Trebam li oprati salatu? |
| Wo sind die Gläser? | Где су чаше?<br>Gde su čaše? |
| Wo ist das Geschirr? | Где је посуђе?<br>Gde je posuđe? |
| Wo ist das Besteck? | Где је прибор за јело?<br>Gde je pribor za jelo? |

19 [neunzehn]

# In der Küche

19 [деветнаест]
19 [devetnaest]

# У кухињи
U kuhinji

| | |
|---|---|
| Hast du einen Dosenöffner? | Имаш ли отварач за конзерве?<br>Imaš li otvarač za konzerve? |
| Hast du einen Flaschenöffner? | Имаш ли отварач за флаше?<br>Imaš li otvarač za flaše? |
| Hast du einen Korkenzieher? | Имаш ли вадичеп?<br>Imaš li vadičep? |
| Kochst du die Suppe in diesem Topf? | Куваш ли супу у овом лонцу?<br>Kuvaš li supu u ovom loncu? |
| Brätst du den Fisch in dieser Pfanne? | Пржиш ли рибу у овој тави?<br>Pržiš li ribu u ovoj tavi? |
| Grillst du das Gemüse auf diesem Grill? | Роштиљаш ли поврће на овом роштиљу?<br>Roštiljaš li povrće na ovom roštilju? |
| Ich decke den Tisch. | Ја постављам сто.<br>Ja postavljam sto. |
| Hier sind die Messer, Gabeln und Löffel. | Овде су ножеви, виљушке и кашике.<br>Ovde su noževi, viljuške i kašike. |
| Hier sind die Gläser, die Teller und die Servietten. | Овде су чаше, тањири и салвете.<br>Ovde su čaše, tanjiri i salvete. |

20 [zwanzig]

Small Talk 1

20 [двадесет]
20 [dvadeset]

Ћаскање 1
Ćaskanje 1

| | |
|---|---|
| Machen Sie es sich bequem! | Раскомотите се!<br>Raskomotite se! |
| Fühlen Sie sich wie zu Hause! | Осећајте се као код куће!<br>Osećajte se kao kod kuće! |
| Was möchten Sie trinken? | Шта желите попити?<br>Šta želite popiti? |
| Lieben Sie Musik? | Волите ли музику?<br>Volite li muziku? |
| Ich mag klassische Musik. | Ја волим класичну музику.<br>Ja volim klasičnu muziku. |
| Hier sind meine CDs. | Овде су моји ЦД-ови.<br>Ovde su moji CD-ovi. |
| Spielen Sie ein Instrument? | Свирате ли неки инструмент?<br>Svirate li neki instrument? |
| Hier ist meine Gitarre. | Овде је моја гитара.<br>Ovde je moja gitara. |
| Singen Sie gern? | Певате ли радо?<br>Pevate li rado? |

20 [zwanzig]

Small Talk 1

20 [двадесет]
20 [dvadeset]

Ћаскање 1
Ćaskanje 1

| | |
|---|---|
| Haben Sie Kinder? | Имате ли деце?<br>Imate li dece? |
| Haben Sie einen Hund? | Имате ли пса?<br>Imate li psa? |
| Haben Sie eine Katze? | Имате ли мачку?<br>Imate li mačku? |
| Hier sind meine Bücher. | Овде су моје књиге.<br>Ovde su moje knjige. |
| Ich lese gerade dieses Buch. | Управо читам ову књигу.<br>Upravo čitam ovu knjigu. |
| Was lesen Sie gern? | Шта радо читате?<br>Šta rado čitate? |
| Gehen Sie gern ins Konzert? | Идете ли радо на концерт?<br>Idete li rado na koncert? |
| Gehen Sie gern ins Theater? | Идете ли радо у позориште?<br>Idete li rado u pozorište? |
| Gehen Sie gern in die Oper? | Идете ли радо у оперу?<br>Idete li rado u operu? |

21 [einundzwanzig]

Small Talk 2

21 [двадесет и један]
21 [dvadeset i jedan]

Ћаскање 2
Ćaskanje 2

| | |
|---|---|
| Woher kommen Sie? | Одакле сте?<br>Odakle ste? |
| Aus Basel. | Из Базела.<br>Iz Bazela. |
| Basel liegt in der Schweiz. | Базел је у Швајцарској.<br>Bazel je u Švajcarskoj. |
| Darf ich Ihnen Herrn Müller vorstellen? | Могу ли Вам представити господина Милера?<br>Mogu li Vam predstaviti gospodina Milera? |
| Er ist Ausländer. | Он је странац.<br>On je stranac. |
| Er spricht mehrere Sprachen. | Он говори више језика.<br>On govori više jezika. |
| Sind Sie zum ersten Mal hier? | Јесте ли први пут овде?<br>Jeste li prvi put ovde? |
| Nein, ich war schon letztes Jahr hier. | Не, био / била сам већ овде прошле године.<br>Ne, bio / bila sam već ovde prošle godine. |
| Aber nur eine Woche lang. | Али само једну седмицу.<br>Ali samo jednu sedmicu. |

21 [einundzwanzig]

Small Talk 2

21 [двадесет и један]
21 [dvadeset i jedan]

Ћаскање 2
Ćaskanje 2

| | |
|---|---|
| Wie gefällt es Ihnen bei uns? | Како Вам се допада код нас?<br>Kako Vam se dopada kod nas? |
| Sehr gut. Die Leute sind nett. | Врло добро. Људи су драги.<br>Vrlo dobro. Ljudi su dragi. |
| Und die Landschaft gefällt mir auch. | И крајолик ми се такође допада.<br>I krajolik mi se takođe dopada. |
| Was sind Sie von Beruf? | Шта сте по занимању?<br>Šta ste po zanimanju? |
| Ich bin Übersetzer. | Ја сам преводилац.<br>Ja sam prevodilac. |
| Ich übersetze Bücher. | Ја преводим књиге.<br>Ja prevodim knjige. |
| Sind Sie allein hier? | Јесте ли сами овде?<br>Jeste li sami ovde? |
| Nein, meine Frau / mein Mann ist auch hier. | Не, моја супруга / мој супруг је такође овде.<br>Ne, moja supruga / moj suprug je takođe ovde. |
| Und dort sind meine beiden Kinder. | А тамо су моје двоје деце.<br>A tamo su moje dvoje dece. |

22
[zweiundzwanzig]

22 [двадесет и два]
22 [dvadeset i dva]

## Small Talk 3

## Ћаскање 3
Ćaskanje 3

| | |
|---|---|
| Rauchen Sie? | Пушите ли?<br>Pušite li? |
| Früher ja. | Пре да.<br>Pre da. |
| Aber jetzt rauche ich nicht mehr. | Али сада више не пушим.<br>Ali sada više ne pušim. |
| Stört es Sie, wenn ich rauche? | Смета ли Вам ако ја пушим?<br>Smeta li Vam ako ja pušim? |
| Nein, absolut nicht. | Не, апсолутно не.<br>Ne, apsolutno ne. |
| Das stört mich nicht. | Не смета ми.<br>Ne smeta mi. |
| Trinken Sie etwas? | Хоћете ли попити нешто?<br>Hoćete li popiti nešto? |
| Einen Cognac? | Један коњак?<br>Jedan konjak? |
| Nein, lieber ein Bier. | Не, радије пиво.<br>Ne, radije pivo. |

22 [zweiundzwanzig]

Small Talk 3

22 [двадесет и два]
22 [dvadeset i dva]

Ћаскање 3
Ćaskanje 3

| | |
|---|---|
| Reisen Sie viel? | Путујете ли много?<br>Putujete li mnogo? |
| Ja, meistens sind das Geschäftsreisen. | Да, већином су то пословна путовања.<br>Da, većinom su to poslovna putovanja. |
| Aber jetzt machen wir hier Urlaub. | Али сада смо овде на годишњем одмору.<br>Ali sada smo ovde na godišnjem odmoru. |
| Was für eine Hitze! | Каква врућина!<br>Kakva vrućina! |
| Ja, heute ist es wirklich heiß. | Да, данас је стварно вруће.<br>Da, danas je stvarno vruće. |
| Gehen wir auf den Balkon. | Хајдемо на балкон.<br>Hajdemo na balkon. |
| Morgen gibt es hier eine Party. | Сутра ће овде бити забава.<br>Sutra će ovde biti zabava. |
| Kommen Sie auch? | Хоћете ли и Ви доћи??<br>Hoćete li i Vi doći?? |
| Ja, wir sind auch eingeladen. | Да, ми смо такође позвани.<br>Da, mi smo takođe pozvani. |

23 [dreiundzwanzig]

# Fremdsprachen lernen

23 [двадесет и три]
23 [dvadeset i tri]

# Учити стране језике
Učiti strane jezike

| | |
|---|---|
| Wo haben Sie Spanisch gelernt? | Где сте научили шпански?<br>Gde ste naučili španski? |
| Können Sie auch Portugiesisch? | Знате ли и португалски?<br>Znate li i portugalski? |
| Ja, und ich kann auch etwas Italienisch. | Да, а такође знам и нешто италијански.<br>Da, a takođe znam i nešto italijanski. |
| Ich finde, Sie sprechen sehr gut. | Мислим да говорите веома добро.<br>Mislim da govorite veoma dobro. |
| Die Sprachen sind ziemlich ähnlich. | Ти језици су прилично слични.<br>Ti jezici su prilično slični. |
| Ich kann sie gut verstehen. | Добро вас разумем.<br>Dobro vas razumem. |
| Aber sprechen und schreiben ist schwer. | Али говорити и писати је тешко.<br>Ali govoriti i pisati je teško. |
| Ich mache noch viele Fehler. | Још правим много грешака.<br>Još pravim mnogo grešaka. |
| Bitte korrigieren Sie mich immer. | Исправите ме молим увек.<br>Ispravite me molim uvek. |

23 [dreiundzwanzig]

## Fremdsprachen lernen

23 [двадесет и три]
23 [dvadeset i tri]

## Учити стране језике
Učiti strane jezike

| | |
|---|---|
| Ihre Aussprache ist ganz gut. | Ваш изговор је сасвим добар.<br>Vaš izgovor je sasvim dobar. |
| Sie haben einen kleinen Akzent. | Имате мали акценат.<br>Imate mali akcenat. |
| Man erkennt, woher Sie kommen. | Препознаје се одакле долазите.<br>Prepoznaje se odakle dolazite. |
| Was ist Ihre Muttersprache? | Који је Ваш матерњи језик?<br>Koji je Vaš maternji jezik? |
| Machen Sie einen Sprachkurs? | Идете ли на курс језика?<br>Idete li na kurs jezika? |
| Welches Lehrwerk benutzen Sie? | Који уџбеник користите?<br>Koji udžbenik koristite? |
| Ich weiß im Moment nicht, wie das heißt. | У овом моменту не знам како се зове.<br>U ovom momentu ne znam kako se zove. |
| Mir fällt der Titel nicht ein. | Не могу се сетити наслова.<br>Ne mogu se setiti naslova. |
| Ich habe das vergessen. | Заборавио / Заборавила сам то.<br>Zaboravio / Zaboravila sam to. |

24 [vierundzwanzig]

24 [двадесет и четири]
24 [dvadeset i četiri]

# Verabredung

# Састанак
Sastanak

| | |
|---|---|
| Hast du den Bus verpasst? | Јеси ли пропустио / пропустила аутобус?<br>Jesi li propustio / propustila autobus? |
| Ich habe eine halbe Stunde auf dich gewartet. | Чекао / Чекала сам те пола сата.<br>Čekao / Čekala sam te pola sata. |
| Hast du kein Handy bei dir? | Немаш мобител код себе?<br>Nemaš mobitel kod sebe? |
| Sei das nächste Mal pünktlich! | Следећи пут буди тачан!<br>Sledeći put budi tačan! |
| Nimm das nächste Mal ein Taxi! | Следећи пут узми такси!<br>Sledeći put uzmi taksi! |
| Nimm das nächste Mal einen Regenschirm mit! | Следећи пут понеси кишобран!<br>Sledeći put ponesi kišobran! |
| Morgen habe ich frei. | Сутра имам слободно.<br>Sutra imam slobodno. |
| Wollen wir uns morgen treffen? | Хоћемо ли се сутра састати?<br>Hoćemo li se sutra sastati? |
| Tut mir Leid, morgen geht es bei mir nicht. | Жао ми је, сутра не могу.<br>Žao mi je, sutra ne mogu. |

24 [vierundzwanzig]

## Verabredung

24 [двадесет и четири]

24 [dvadeset i četiri]

## Састанак

Sastanak

| | |
|---|---|
| Hast du dieses Wochenende schon etwas vor? | Имаш ли за овај викенд већ нешто планирано?<br>Imaš li za ovaj vikend već nešto planirano? |
| Oder bist du schon verabredet? | Или већ имаш договорен састанак?<br>Ili već imaš dogovoren sastanak? |
| Ich schlage vor, wir treffen uns am Wochenende. | Предлажем да се нађемо за викенд.<br>Predlažem da se nađemo za vikend. |
| Wollen wir Picknick machen? | Хоћемо ли на пикник?<br>Hoćemo li na piknik? |
| Wollen wir an den Strand fahren? | Хоћемо ли се одвести до плаже?<br>Hoćemo li se odvesti do plaže? |
| Wollen wir in die Berge fahren? | Хоћемо ли ићи у планине?<br>Hoćemo li ići u planine? |
| Ich hole dich vom Büro ab. | Доћи ћу по тебе у канцеларију.<br>Doći ću po tebe u kancelariju. |
| Ich hole dich von zu Hause ab. | Доћи ћу по тебе кући.<br>Doći ću po tebe kući. |
| Ich hole dich an der Bushaltestelle ab. | Доћи ћу по тебе на аутобуску станицу.<br>Doći ću po tebe na autobusku stanicu. |

25 [fünfundzwanzig]

# In der Stadt

25 [двадесет и пет]
25 [dvadeset i pet]

# У граду
U gradu

| | |
|---|---|
| Ich möchte zum Bahnhof. | Хтео / хтела бих до железничке станице.<br>Hteo / htela bih do železničke stanice. |
| Ich möchte zum Flughafen. | Хтео / хтела бих до аеродрома.<br>Hteo / htela bih do aerodroma. |
| Ich möchte ins Stadtzentrum. | Хтео / хтела бих до центра града.<br>Hteo / htela bih do centra grada. |
| Wie komme ich zum Bahnhof? | Како да дођем до железничке станице?<br>Kako da dođem do železničke stanice? |
| Wie komme ich zum Flughafen? | Како да дођем до аеродрома?<br>Kako da dođem do aerodroma? |
| Wie komme ich ins Stadtzentrum? | Како да дођем до центра града?<br>Kako da dođem do centra grada? |
| Ich brauche ein Taxi. | Требам такси.<br>Trebam taksi. |
| Ich brauche einen Stadtplan. | Требам план града.<br>Trebam plan grada. |
| Ich brauche ein Hotel. | Требам хотел.<br>Trebam hotel. |

25 [fünfundzwanzig]

In der Stadt

25 [двадесет и пет]
25 [dvadeset i pet]

У граду
U gradu

| | |
|---|---|
| Ich möchte ein Auto mieten. | Хтео / хтела бих изнајмити ауто.<br>Hteo / htela bih iznajmiti auto. |
| Hier ist meine Kreditkarte. | Овде је моја кредитна картица.<br>Ovde je moja kreditna kartica. |
| Hier ist mein Führerschein. | Овде је моја возачка дозвола.<br>Ovde je moja vozačka dozvola. |
| Was gibt es in der Stadt zu sehen? | Шта се има видети у граду?<br>Šta se ima videti u gradu? |
| Gehen Sie in die Altstadt. | Идите у стари град.<br>Idite u stari grad. |
| Machen Sie eine Stadtrundfahrt. | Направите кружну вожњу градом.<br>Napravite kružnu vožnju gradom. |
| Gehen Sie zum Hafen. | Идите до луке.<br>Idite do luke. |
| Machen Sie eine Hafenrundfahrt. | Направите обилазак луке.<br>Napravite obilazak luke. |
| Welche Sehenswürdigkeiten gibt es außerdem noch? | Које још знаменитости постоје?<br>Koje još znamenitosti postoje? |

26
[sechsundzwanzig]

In der Natur

26 [двадесет и шест]
26 [dvadeset i šest]

У природи
U prirodi

| | |
|---|---|
| Siehst du dort den Turm? | Видиш ли тамо кулу?<br>Vidiš li tamo kulu? |
| Siehst du dort den Berg? | Видиш ли тамо планину?<br>Vidiš li tamo planinu? |
| Siehst du dort das Dorf? | Видиш ли тамо село?<br>Vidiš li tamo selo? |
| Siehst du dort den Fluss? | Видиш ли тамо реку?<br>Vidiš li tamo reku? |
| Siehst du dort die Brücke? | Видиш ли тамо мост?<br>Vidiš li tamo most? |
| Siehst du dort den See? | Видиш ли тамо језеро?<br>Vidiš li tamo jezero? |
| Der Vogel da gefällt mir. | Она птица тамо ми се свиђа.<br>Ona ptica tamo mi se sviđa. |
| Der Baum da gefällt mir. | Оно дрво тамо ми се свиђа.<br>Ono drvo tamo mi se sviđa. |
| Der Stein hier gefällt mir. | Овај камен овде ми се свиђа.<br>Ovaj kamen ovde mi se sviđa. |

26
[sechsundzwanzig]

In der Natur

26 [двадесет и шест]
26 [dvadeset i šest]

У природи
U prirodi

Der Park da gefällt mir.
Онај парк тамо ми се свиђа.
Onaj park tamo mi se sviđa.

Der Garten da gefällt mir.
Онај врт тамо ми се свиђа.
Onaj vrt tamo mi se sviđa.

Die Blume hier gefällt mir.
Овај цвет овде ми се свиђа.
Ovaj cvet ovde mi se sviđa.

Ich finde das hübsch.
Мислим да је лепо.
Mislim da je lepo.

Ich finde das interessant.
Мислим да је интересантно.
Mislim da je interesantno.

Ich finde das wunderschön.
Мислим да је прелепо.
Mislim da je prelepo.

Ich finde das hässlich.
Мислим да је ружно.
Mislim da je ružno.

Ich finde das langweilig.
Мислим да је досадно.
Mislim da je dosadno.

Ich finde das furchtbar.
Мислим да је страшно.
Mislim da je strašno.

27
[siebenundzwanzig]

# Im Hotel – Ankunft

27 [двадесет и седам]
27 [dvadeset i sedam]

# У хотелу – долазак
U hotelu – dolazak

| | |
|---|---|
| Haben Sie ein Zimmer frei? | Имате ли слободну собу?<br>Imate li slobodnu sobu? |
| Ich habe ein Zimmer reserviert. | Резервисао / Резервисала сам једну собу.<br>Rezervisao / Rezervisala sam jednu sobu. |
| Mein Name ist Müller. | Моје име је Милер.<br>Moje ime je Miler. |
| Ich brauche ein Einzelzimmer. | Требам једнокреветну собу.<br>Trebam jednokrevetnu sobu. |
| Ich brauche ein Doppelzimmer. | Требам двокреветну собу.<br>Trebam dvokrevetnu sobu. |
| Wie viel kostet das Zimmer pro Nacht? | Колико кошта соба за једну ноћ?<br>Koliko košta soba za jednu noć? |
| Ich möchte ein Zimmer mit Bad. | Хтео / хтела бих једну собу са купатилом.<br>Hteo / htela bih jednu sobu sa kupatilom. |
| Ich möchte ein Zimmer mit Dusche. | Хтео / хтела бих једну собу са тушем.<br>Hteo / htela bih jednu sobu sa tušem. |
| Kann ich das Zimmer sehen? | Могу ли видети собу?<br>Mogu li videti sobu? |

27 [siebenundzwanzig]

# Im Hotel – Ankunft

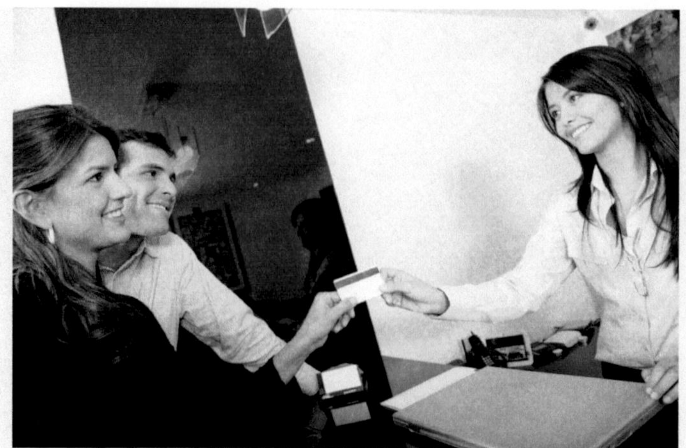

27 [двадесет и седам]

27 [dvadeset i sedam]

# У хотелу – долазак

U hotelu – dolazak

| | |
|---|---|
| Gibt es hier eine Garage? | Има ли овде гаража?<br>Ima li ovde garaža? |
| Gibt es hier einen Safe? | Има ли овде сеф?<br>Ima li ovde sef? |
| Gibt es hier ein Fax? | Има ли овде факс?<br>Ima li ovde faks? |
| Gut, ich nehme das Zimmer. | Добро, узећу собу.<br>Dobro, uzeću sobu. |
| Hier sind die Schlüssel. | Овде су кључеви.<br>Ovde su ključevi. |
| Hier ist mein Gepäck. | Овде је мој пртљаг.<br>Ovde je moj prtljag. |
| Um wie viel Uhr gibt es Frühstück? | У колико часова је доручак?<br>U koliko časova je doručak? |
| Um wie viel Uhr gibt es Mittagessen? | У колико часова је ручак?<br>U koliko časova je ručak? |
| Um wie viel Uhr gibt es Abendessen? | У колико часова је вечера?<br>U koliko časova je večera? |

28
[achtundzwanzig]

Im Hotel –
Beschwerden

28 [двадесет и осам]
28 [dvadeset i osam]

У хотелу –
жалбе
U hotelu – žalbe

| | |
|---|---|
| Die Dusche funktioniert nicht. | Туш не ради.<br>Tuš ne radi. |
| Es kommt kein warmes Wasser. | Нема топле воде.<br>Nema tople vode. |
| Können Sie das reparieren lassen? | Можете ли то дати на поправку?<br>Možete li to dati na popravku? |
| Es gibt kein Telefon im Zimmer. | Нема телефона у соби.<br>Nema telefona u sobi. |
| Es gibt keinen Fernseher im Zimmer. | Нема телевизора у соби.<br>Nema televizora u sobi. |
| Das Zimmer hat keinen Balkon. | Соба нема терасу.<br>Soba nema terasu. |
| Das Zimmer ist zu laut. | Соба је пребучна.<br>Soba je prebučna. |
| Das Zimmer ist zu klein. | Соба је премалена.<br>Soba je premalena. |
| Das Zimmer ist zu dunkel. | Соба је претамна.<br>Soba je pretamna. |

28
[achtundzwanzig]

Im Hotel –
Beschwerden

28 [двадесет и осам]
28 [dvadeset i osam]

У хотелу –
жалбе
U hotelu – žalbe

| | |
|---|---|
| Die Heizung funktioniert nicht. | Грејање не ради.<br>Grejanje ne radi. |
| Die Klimaanlage funktioniert nicht. | Клима-уређај не ради.<br>Klima-uređaj ne radi. |
| Der Fernseher ist kaputt. | Телевизор је покварен.<br>Televizor je pokvaren. |
| Das gefällt mir nicht. | То ми се не свиђа.<br>To mi se ne sviđa. |
| Das ist mir zu teuer. | То ми је прескупо.<br>To mi je preskupo. |
| Haben Sie etwas Billigeres? | Имате ли нешто јефтиније?<br>Imate li nešto jeftinije? |
| Gibt es hier in der Nähe eine Jugendherberge? | Има ли овде у близини омладински смештај?<br>Ima li ovde u blizini omladinski smeštaj? |
| Gibt es hier in der Nähe eine Pension? | Има ли овде у близини преноћиште?<br>Ima li ovde u blizini prenoćište? |
| Gibt es hier in der Nähe ein Restaurant? | Има ли овде у близини ресторан?<br>Ima li ovde u blizini restoran? |

29 [neunundzwanzig]

# Im Restaurant 1

29 [двадесет и девет]
29 [dvadeset i devet]

# У ресторану 1
U restoranu 1

| | |
|---|---|
| Ist der Tisch frei? | Да ли је сто слободан?<br>Da li je sto slobodan? |
| Ich möchte bitte die Speisekarte. | Молим Вас, хтео / хтела бих јеловник.<br>Molim Vas, hteo / htela bih jelovnik. |
| Was können Sie empfehlen? | Шта можете препоручити?<br>Šta možete preporučiti? |
| Ich hätte gern ein Bier. | Радо бих пиво.<br>Rado bih pivo. |
| Ich hätte gern ein Mineralwasser. | Радо бих минералну воду.<br>Rado bih mineralnu vodu. |
| Ich hätte gern einen Orangensaft. | Радо бих сок од поморанџе.<br>Rado bih sok od pomorandže. |
| Ich hätte gern einen Kaffee. | Радо бих кафу.<br>Rado bih kafu. |
| Ich hätte gern einen Kaffee mit Milch. | Радо бих кафу са млеком.<br>Rado bih kafu sa mlekom. |
| Mit Zucker, bitte. | Са шећером, молим.<br>Sa šećerom, molim. |

29 [neunundzwanzig]

29 [двадесет и девет]
29 [dvadeset i devet]

# Im Restaurant 1

# У ресторану 1
U restoranu 1

| | |
|---|---|
| Ich möchte einen Tee. | Хтео / хтела бих чај.<br>Hteo / htela bih čaj. |
| Ich möchte einen Tee mit Zitrone. | Хтео / хтела бих чај са лимуном.<br>Hteo / htela bih čaj sa limunom. |
| Ich möchte einen Tee mit Milch. | Хтео / хтела бих чај са млеком.<br>Hteo / htela bih čaj sa mlekom. |
| Haben Sie Zigaretten? | Имате ли цигарете?<br>Imate li cigarete? |
| Haben Sie einen Aschenbecher? | Имате ли пепељару?<br>Imate li pepeljaru? |
| Haben Sie Feuer? | Имате ли ватре?<br>Imate li vatre? |
| Mir fehlt eine Gabel. | Недостаје ми виљушка.<br>Nedostaje mi viljuška. |
| Mir fehlt ein Messer. | Недостаје ми нож.<br>Nedostaje mi nož. |
| Mir fehlt ein Löffel. | Недостаје ми кашика.<br>Nedostaje mi kašika. |

30 [dreißig]

# Im Restaurant 2

30 [тридесет]
30 [trideset]

# У ресторану 2
U restoranu 2

| | |
|---|---|
| Einen Apfelsaft, bitte. | Сок од јабуке, молим.<br>Cok od jabuke, molim. |
| Eine Limonade, bitte. | Лимунаду, молим.<br>Limunadu, molim. |
| Einen Tomatensaft, bitte. | Сок од парадајза, молим.<br>Sok od paradajza, molim. |
| Ich hätte gern ein Glas Rotwein. | Ја бих радо чашу црвеног вина.<br>Ja bih rado čašu crvenog vina. |
| Ich hätte gern ein Glas Weißwein. | Ја бих радо чашу белог вина.<br>Ja bih rado čašu belog vina. |
| Ich hätte gern eine Flasche Sekt. | Ја бих радо флашу шампањца.<br>Ja bih rado flašu šampanjca. |
| Magst du Fisch? | Волиш ли рибу?<br>Voliš li ribu? |
| Magst du Rindfleisch? | Волиш ли говедину?<br>Voliš li govedinu? |
| Magst du Schweinefleisch? | Волиш ли свињетину?<br>Voliš li svinjetinu? |

30 [dreißig]

# Im Restaurant 2

30 [тридесет]
30 [trideset]

# У ресторану 2
U restoranu 2

| | |
|---|---|
| Ich möchte etwas ohne Fleisch. | Хтео / хтела бих нешто без меса.<br>Hteo / htela bih nešto bez mesa. |
| Ich möchte eine Gemüseplatte. | Хтео / хтела бих плату са поврћем.<br>Hteo / htela bih platu sa povrćem. |
| Ich möchte etwas, was nicht lange dauert. | Хтео / хтела бих нешто што не траје дуго.<br>Hteo / htela bih nešto što ne traje dugo. |
| Möchten Sie das mit Reis? | Желите ли то с пиринчем?<br>Želite li to s pirinčem? |
| Möchten Sie das mit Nudeln? | Желите ли то с резанцима?<br>Želite li to s rezancima? |
| Möchten Sie das mit Kartoffeln? | Желите ли то с кромпиром?<br>Želite li to s krompirom? |
| Das schmeckt mir nicht. | То ми није укусно.<br>To mi nije ukusno. |
| Das Essen ist kalt. | Јело је хладно.<br>Jelo je hladno. |
| Das habe ich nicht bestellt. | То ја нисам наручио / наручила.<br>To ja nisam naručio / naručila. |

31 [einunddreißig]

Im Restaurant 3

31 [тридесет и један]
31 [trideset i jedan]

У ресторану 3
U restoranu 3

| | |
|---|---|
| Ich möchte eine Vorspeise. | Хтео / хтела бих предјело.<br>Hteo / htela bih predjelo. |
| Ich möchte einen Salat. | Хтео / хтела бих салату.<br>Hteo / htela bih salatu. |
| Ich möchte eine Suppe. | Хтео / хтела бих једну супу.<br>Hteo / htela bih jednu supu. |
| Ich möchte einen Nachtisch. | Хтео / хтела бих десерт.<br>Hteo / htela bih desert. |
| Ich möchte ein Eis mit Sahne. | Хтео / хтела бих сладолед са шлагом.<br>Hteo / htela bih sladoled sa šlagom. |
| Ich möchte Obst oder Käse. | Хтео / хтела бих воће или сир.<br>Hteo / htela bih voće ili sir. |
| Wir möchten frühstücken. | Хтели / хтеле бисмо доручковати.<br>Hteli / htele bismo doručkovati. |
| Wir möchten zu Mittag essen. | Хтели / хтеле бисмо ручати.<br>Hteli / htele bismo ručati. |
| Wir möchten zu Abend essen. | Хтели / хтеле бисмо вечерати.<br>Hteli / htele bismo večerati. |

31 [einunddreißig]

31 [тридесет и један]
31 [trideset i jedan]

# Im Restaurant 3

# У ресторану 3
U restoranu 3

Was möchten Sie zum Frühstück?
Шта бисте хтели / хтеле за доручак?
Šta biste hteli / htele za doručak?

Brötchen mit Marmelade und Honig?
Кајзерице с мармеладом и медом?
Kajzerice s marmeladom i medom?

Toast mit Wurst und Käse?
Тост с кобасицом и сиром?
Tost s kobasicom i sirom?

Ein gekochtes Ei?
Кувано јаје?
Kuvano jaje?

Ein Spiegelei?
Јаје на око?
Jaje na oko?

Ein Omelett?
Омлет?
Omlet?

Bitte noch einen Joghurt.
Молим још један јогурт.
Molim još jedan jogurt.

Bitte noch Salz und Pfeffer.
Молим још соли и бибера.
Molim još soli i bibera.

Bitte noch ein Glas Wasser.
Молим још једну чашу воде.
Molim još jednu čašu vode.

32 [zweiunddreißig]

32 [тридесет и два]
32 [trideset i dva]

## Im Restaurant 4

## У ресторану 4
U restoranu 4

| | |
|---|---|
| Einmal Pommes frites mit Ketchup. | Једанпут помфрит са кечапом.<br>Jedanput pomfrit sa kečapom. |
| Und zweimal mit Mayonnaise. | И двапут с мајонезом.<br>I dvaput s majonezom. |
| Und dreimal Bratwurst mit Senf. | И трипут пржену кобасицу са сенфом.<br>I triput prženu kobasicu sa senfom. |
| Was für Gemüse haben Sie? | Какво поврће имате?<br>Kakvo povrće imate? |
| Haben Sie Bohnen? | Имате ли пасуља?<br>Imate li pasulja? |
| Haben Sie Blumenkohl? | Имате ли карфиола?<br>Imate li karfiola? |
| Ich esse gern Mais. | Ја радо једем кукуруз.<br>Ja rado jedem kukuruz. |
| Ich esse gern Gurken. | Ја радо једем краставце.<br>Ja rado jedem krastavce. |
| Ich esse gern Tomaten. | Ја радо једем парадајз.<br>Ja rado jedem paradajz. |

32 [zweiunddreißig]

Im Restaurant 4

32 [тридесет и два]
32 [trideset i dva]

# У ресторану 4
U restoranu 4

| | |
|---|---|
| Essen Sie auch gern Lauch? | Једете ли и Ви радо празилук?<br>Jedete li i Vi rado praziluk? |
| Essen Sie auch gern Sauerkraut? | Једете ли Ви радо и кисели купус?<br>Jedete li Vi rado i kiseli kupus? |
| Essen Sie auch gern Linsen? | Једете ли Ви радо и лећу?<br>Jedete li Vi rado i leću? |
| Isst du auch gern Karotten? | Једеш ли и ти радо шаргарепу?<br>Jedeš li i ti rado šargarepu? |
| Isst du auch gern Brokkoli? | Једеш ли и ти радо брокуле?<br>Jedeš li i ti rado brokule? |
| Isst du auch gern Paprika? | Једеш ли и ти радо паприку?<br>Jedeš li i ti rado papriku? |
| Ich mag keine Zwiebeln. | Ја не волим лук.<br>Ja ne volim luk. |
| Ich mag keine Oliven. | Ја не волим маслине.<br>Ja ne volim masline. |
| Ich mag keine Pilze. | Ја не волим гљиве.<br>Ja ne volim gljive. |

33 [dreiunddreißig]

33 [тридесет и три]
33 [trideset i tri]

# Im Bahnhof

# На железници
Na železnici

| | |
|---|---|
| Wann fährt der nächste Zug nach Berlin? | Када полази следећи воз за Берлин?<br>Kada polazi sledeći voz za Berlin? |
| Wann fährt der nächste Zug nach Paris? | Када полази следећи воз за Париз?<br>Kada polazi sledeći voz za Pariz? |
| Wann fährt der nächste Zug nach London? | Када полази следећи воз за Лондон?<br>Kada polazi sledeći voz za London? |
| Um wie viel Uhr fährt der Zug nach Warschau? | У колико часова полази воз за Варшаву?<br>U koliko časova polazi voz za Varšavu? |
| Um wie viel Uhr fährt der Zug nach Stockholm? | У колико часова полази воз за Штокхолм?<br>U koliko časova polazi voz za Štokholm? |
| Um wie viel Uhr fährt der Zug nach Budapest? | У колико часова полази воз за Будимпешту?<br>U koliko časova polazi voz za Budimpeštu? |
| Ich möchte eine Fahrkarte nach Madrid. | Хтео / хтела бих возну карту за Мадрид.<br>Hteo / htela bih voznu kartu za Madrid. |
| Ich möchte eine Fahrkarte nach Prag. | Хтео / хтела бих возну карту за Праг.<br>Hteo / htela bih voznu kartu za Prag. |
| Ich möchte eine Fahrkarte nach Bern. | Хтео / хтела бих возну карту за Берн.<br>Hteo / htela bih voznu kartu za Bern. |

33 [dreiunddreißig]

33 [тридесет и три]

33 [trideset i tri]

# Im Bahnhof

# На железници

Na železnici

| | |
|---|---|
| Wann kommt der Zug in Wien an? | Када стиже воз у Беч?<br>Kada stiže voz u Beč? |
| Wann kommt der Zug in Moskau an? | Када стиже воз у Москву?<br>Kada stiže voz u Moskvu? |
| Wann kommt der Zug in Amsterdam an? | Када стиже воз у Амстердам?<br>Kada stiže voz u Amsterdam? |
| Muss ich umsteigen? | Морам ли преседати?<br>Moram li presedati? |
| Von welchem Gleis fährt der Zug ab? | С којег колосека креће воз?<br>S kojeg koloseka kreće voz? |
| Gibt es Schlafwagen im Zug? | Има ли кола за спавање у возу?<br>Ima li kola za spavanje u vozu? |
| Ich möchte nur die Hinfahrt nach Brüssel. | Хтео / хтела бих само вожњу у једном правцу до Брисела.<br>Hteo / htela bih samo vožnju u jednom pravcu do Brisela. |
| Ich möchte eine Rückfahrkarte nach Kopenhagen. | Хтео / хтела бих бих повратну карту до Копенхагена.<br>Hteo / htela bih bih povratnu kartu do Kopenhagena. |
| Was kostet ein Platz im Schlafwagen? | Колико кошта место у колима за спавање?<br>Koliko košta mesto u kolima za spavanje? |

34 [vierunddreißig]

34 [тридесет и четири]
34 [trideset i četiri]

# Im Zug

# У возу
U vozu

| | |
|---|---|
| Ist das der Zug nach Berlin? | Да ли је то воз за Берлин?<br>Da li je to voz za Berlin? |
| Wann fährt der Zug ab? | Када креће воз?<br>Kada kreće voz? |
| Wann kommt der Zug in Berlin an? | Када стиже воз у Берлин?<br>Kada stiže voz u Berlin? |
| Verzeihung, darf ich vorbei? | Извините, смем ли проћи?<br>Izvinite, smem li proći? |
| Ich glaube, das ist mein Platz. | Мислим да је то моје место.<br>Mislim da je to moje mesto. |
| Ich glaube, Sie sitzen auf meinem Platz. | Мислим да седите на мом месту.<br>Mislim da sedite na mom mestu. |
| Wo ist der Schlafwagen? | Где су кола за спавање?<br>Gde su kola za spavanje? |
| Der Schlafwagen ist am Ende des Zuges. | Кола за спавање су на крају воза.<br>Kola za spavanje su na kraju voza. |
| Und wo ist der Speisewagen? – Am Anfang. | А где је вагон за ручавање? – На почетку.<br>A gde je vagon za ručavanje? – Na početku. |

34 [vierunddreißig]

Im Zug

34 [тридесет и четири]
34 [trideset i četiri]

У возу
U vozu

| | |
|---|---|
| Kann ich unten schlafen? | Могу ли спавати доле?<br>Mogu li spavati dole? |
| Kann ich in der Mitte schlafen? | Могу ли спавати у средини?<br>Mogu li spavati u sredini? |
| Kann ich oben schlafen? | Могу ли спавати горе?<br>Mogu li spavati gore? |
| Wann sind wir an der Grenze? | Када смо на граници?<br>Kada smo na granici? |
| Wie lange dauert die Fahrt nach Berlin? | Колико траје вожња до Берлина?<br>Koliko traje vožnja do Berlina? |
| Hat der Zug Verspätung? | Да ли воз касни?<br>Da li voz kasni? |
| Haben Sie etwas zu lesen? | Имате ли нешто за читати?<br>Imate li nešto za čitati? |
| Kann man hier etwas zu essen und zu trinken bekommen? | Може ли се овде добити нешто за јело и пиће?<br>Može li se ovde dobiti nešto za jelo i piće? |
| Würden Sie mich bitte um 7.00 Uhr wecken? | Да ли бисте ме молим пробудили у 7 часова?<br>Da li biste me molim probudili u 7 časova? |

35 [fünfunddreißig]

Am Flughafen

35 [тридесет и пет]
35 [trideset i pet]

На аеродрому
Na aerodromu

| | |
|---|---|
| Ich möchte einen Flug nach Athen buchen. | Хтео / Хтела бих резервисати лет за Атину.<br>Hteo / Htela bih rezervisati let za Atinu. |
| Ist das ein Direktflug? | Да ли је то директан лет?<br>Da li je to direktan let? |
| Bitte einen Fensterplatz, Nichtraucher. | Молим место до прозора, за непушаче.<br>Molim mesto do prozora, za nepušače. |
| Ich möchte meine Reservierung bestätigen. | Хтео / Хтела бих потврдити своју резервацију.<br>Hteo / Htela bih potvrditi svoju rezervaciju. |
| Ich möchte meine Reservierung stornieren. | Хтео / Хтела бих сторнирати своју резервацију.<br>Hteo / Htela bih stornirati svoju rezervaciju. |
| Ich möchte meine Reservierung umbuchen. | Хтео / Хтела бих променити своју резервацију.<br>Hteo / Htela bih promeniti svoju rezervaciju. |
| Wann geht die nächste Maschine nach Rom? | Када полеће следећи авион за Рим?<br>Kada poleće sledeći avion za Rim? |
| Sind noch zwei Plätze frei? | Јесу ли слободна још два места?<br>Jesu li slobodna još dva mesta? |
| Nein, wir haben nur noch einen Platz frei. | Не, имамо још само једно место слободно.<br>Ne, imamo još samo jedno mesto slobodno. |

35 [fünfunddreißig]

Am Flughafen

35 [тридесет и пет]
35 [trideset i pet]

На аеродрому
Na aerodromu

| | |
|---|---|
| Wann landen wir? | Када слећемо?<br>Kada slećemo? |
| Wann sind wir da? | Када смо тамо?<br>Kada smo tamo? |
| Wann fährt ein Bus ins Stadtzentrum? | Када вози аутобус у центар града?<br>Kada vozi autobus u centar grada? |
| Ist das Ihr Koffer? | Да ли је то Ваш кофер?<br>Da li je to Vaš kofer? |
| Ist das Ihre Tasche? | Да ли је то Ваша ташна?<br>Da li je to Vaša tašna? |
| Ist das Ihr Gepäck? | Да ли је то Ваш пртљаг?<br>Da li je to Vaš prtljag? |
| Wie viel Gepäck kann ich mitnehmen? | Колико пртљага могу понети?<br>Koliko prtljaga mogu poneti? |
| Zwanzig Kilo. | Двадесет кила.<br>Dvadeset kila. |
| Was, nur zwanzig Kilo? | Шта, само двадесет кила?<br>Šta, samo dvadeset kila? |

36
[sechsunddreißig]

# Öffentlicher Nahverkehr

36 [тридесет и шест]
36 [trideset i šest]

# Јавни локални саобраћај

Javni lokalni saobraćaj

| | |
|---|---|
| Wo ist die Bushaltestelle? | Где је аутобуска станица?<br>Gde je autobuska stanica? |
| Welcher Bus fährt ins Zentrum? | Који аутобус вози у центар?<br>Koji autobus vozi u centar? |
| Welche Linie muss ich nehmen? | Коју линију морам узети?<br>Koju liniju moram uzeti? |
| Muss ich umsteigen? | Морам ли преседати?<br>Moram li presedati? |
| Wo muss ich umsteigen? | Где морам пресести?<br>Gde moram presesti? |
| Was kostet ein Fahrschein? | Колико кошта возна карта?<br>Koliko košta vozna karta? |
| Wie viele Haltestellen sind es bis zum Zentrum? | Колико станица има до центра?<br>Koliko stanica ima do centra? |
| Sie müssen hier aussteigen. | Морате овде изаћи.<br>Morate ovde izaći. |
| Sie müssen hinten aussteigen. | Морате изаћи назад.<br>Morate izaći nazad. |

36

[sechsunddreißig]

# Öffentlicher Nahverkehr

36 [тридесет и шест]

36 [trideset i šest]

# Јавни локални саобраћај

Javni lokalni saobraćaj

| | |
|---|---|
| Die nächste U-Bahn kommt in 5 Minuten. | Следећи метро долази за 5 минута.<br>Sledeći metro dolazi za 5 minuta. |
| Die nächste Straßenbahn kommt in 10 Minuten. | Следећи трамвај долази за 10 минута.<br>Sledeći tramvaj dolazi za 10 minuta. |
| Der nächste Bus kommt in 15 Minuten. | Следећи аутобус долази за 15 минута.<br>Sledeći autobus dolazi za 15 minuta. |
| Wann fährt die letzte U-Bahn? | Када вози задњи метро?<br>Kada vozi zadnji metro? |
| Wann fährt die letzte Straßenbahn? | Када вози задњи трамвај?<br>Kada vozi zadnji tramvaj? |
| Wann fährt der letzte Bus? | Када вози задњи аутобус?<br>Kada vozi zadnji autobus? |
| Haben Sie einen Fahrschein? | Имате ли возну карту?<br>Imate li voznu kartu? |
| Einen Fahrschein? – Nein, ich habe keinen. | Возну карту? – Не, немам.<br>Voznu kartu? – Ne, nemam. |
| Dann müssen Sie eine Strafe zahlen. | Онда морате платити казну.<br>Onda morate platiti kaznu. |

37 [siebenunddreißig]

# Unterwegs

37 [тридесет и седам]
37 [trideset i sedam]

# На путу
Na putu

| | |
|---|---|
| Er fährt mit dem Motorrad. | Он се вози мотором.<br>On se vozi motorom. |
| Er fährt mit dem Fahrrad. | Он се вози бициклом.<br>On se vozi biciklom. |
| Er geht zu Fuß. | Он иде пешке.<br>On ide peške. |
| Er fährt mit dem Schiff. | Он путује бродом.<br>On putuje brodom. |
| Er fährt mit dem Boot. | Он се вози чамцем.<br>On se vozi čamcem. |
| Er schwimmt. | Он плива.<br>On pliva. |
| Ist es hier gefährlich? | Да ли је овде опасно?<br>Da li je ovde opasno? |
| Ist es gefährlich, allein zu trampen? | Да ли је опасно сам стопирати?<br>Da li je opasno sam stopirati? |
| Ist es gefährlich, nachts spazieren zu gehen? | Да ли је опасно шетати ноћу?<br>Da li je opasno šetati noću? |

37 [siebenunddreißig]

37 [тридесет и седам]
37 [trideset i sedam]

## Unterwegs

## На путу
Na putu

| | |
|---|---|
| Wir haben uns verfahren. | Погрешили смо пут.<br>Pogrešili smo put. |
| Wir sind auf dem falschen Weg. | На погрешном смо путу.<br>Na pogrešnom smo putu. |
| Wir müssen umkehren. | Морамо се вратити.<br>Moramo se vratiti. |
| Wo kann man hier parken? | Где се овде може паркирати?<br>Gde se ovde može parkirati? |
| Gibt es hier einen Parkplatz? | Има ли овде паркиралиште?<br>Ima li ovde parkiralište? |
| Wie lange kann man hier parken? | Колико дуго се овде може паркирати?<br>Koliko dugo se ovde može parkirati? |
| Fahren Sie Ski? | Да ли скијате?<br>Da li skijate? |
| Fahren Sie mit dem Skilift nach oben? | Возите ли се са скијашким лифтом до горе?<br>Vozite li se sa skijaškim liftom do gore? |
| Kann man hier Ski leihen? | Могу ли се овде изнајмити скије?<br>Mogu li se ovde iznajmiti skije? |

38 [achtunddreißig]

38 [тридесет и осам]
38 [trideset i osam]

## Im Taxi

## У таксију
U taksiju

| | |
|---|---|
| Rufen Sie bitte ein Taxi. | Молимо Вас позовите такси.<br>Molimo Vas pozovite taksi. |
| Was kostet es bis zum Bahnhof? | Колико кошта до железничке станице?<br>Koliko košta do železničke stanice? |
| Was kostet es bis zum Flughafen? | Колико кошта до аеродрома?<br>Koliko košta do aerodroma? |
| Bitte geradeaus. | Право, молим.<br>Pravo, molim. |
| Bitte hier nach rechts. | Овде десно, молим.<br>Ovde desno, molim. |
| Bitte dort an der Ecke nach links. | Тамо на углу лево, молим.<br>Tamo na uglu levo, molim. |
| Ich habe es eilig. | Мени се жури.<br>Meni se žuri. |
| Ich habe Zeit. | Ја имам времена.<br>Ja imam vremena. |
| Fahren Sie bitte langsamer. | Молим Вас, возите спорије.<br>Molim Vas, vozite sporije. |

38 [achtunddreißig]

Im Taxi

38 [тридесет и осам]

38 [trideset i osam]

У таксију

U taksiju

| | |
|---|---|
| Halten Sie hier bitte. | Станите овде, молим.<br>Stanite ovde, molim. |
| Warten Sie bitte einen Moment. | Сачекајте моменат, молим Вас.<br>Sačekajte momenat, molim Vas. |
| Ich bin gleich zurück. | Одмах се враћам.<br>Odmah se vraćam. |
| Bitte geben Sie mir eine Quittung. | Дајте ми рачун молим.<br>Dajte mi račun molim. |
| Ich habe kein Kleingeld. | Немам ситно.<br>Nemam sitno. |
| Es stimmt so, der Rest ist für Sie. | У реду је, остатак је за Вас.<br>U redu je, ostatak je za Vas. |
| Fahren Sie mich zu dieser Adresse. | Одвезите ме до ове адресе.<br>Odvezite me do ove adrese. |
| Fahren Sie mich zu meinem Hotel. | Одвезите ме до мог хотела.<br>Odvezite me do mog hotela. |
| Fahren Sie mich zum Strand. | Одвезите ме до плаже.<br>Odvezite me do plaže. |

39 [neununddreißig]

Autopanne

39 [тридесет и девет]
39 [trideset i devet]

Квар на ауту
Kvar na autu

| | |
|---|---|
| Wo ist die nächste Tankstelle? | Где је следећа бензинска пумпа?<br>Gde je sledeća benzinska pumpa? |
| Ich habe einen Platten. | Гума ми се пробушила.<br>Guma mi se probušila. |
| Können Sie das Rad wechseln? | Можете ли заменити точак?<br>Možete li zameniti točak? |
| Ich brauche ein paar Liter Diesel. | Требам пар литара дизела.<br>Trebam par litara dizela. |
| Ich habe kein Benzin mehr. | Немам више бензина.<br>Nemam više benzina. |
| Haben Sie einen Reservekanister? | Имате ли резервни канистер?<br>Imate li rezervni kanister? |
| Wo kann ich telefonieren? | Где могу телефонирати?<br>Gde mogu telefonirati? |
| Ich brauche einen Abschleppdienst. | Требам шлеп службу.<br>Trebam šlep službu. |
| Ich suche eine Werkstatt. | Тражим радионицу.<br>Tražim radionicu. |

39 [neununddreißig]

Autopanne

39 [тридесет и девет]
39 [trideset i devet]

Квар на ауту
Kvar na autu

Es ist ein Unfall passiert. — Десила се незгода.
Desila se nezgoda.

Wo ist das nächste Telefon? — Где је најближи телефон?
Gde je najbliži telefon?

Haben Sie ein Handy bei sich? — Имате ли са собом мобилни телефон?
Imate li sa sobom mobilni telefon?

Wir brauchen Hilfe. — Ми требамо помоћ.
Mi trebamo pomoć.

Rufen Sie einen Arzt! — Позовите доктора!
Pozovite doktora!

Rufen Sie die Polizei! — Позовите полицију!
Pozovite policiju!

Ihre Papiere, bitte. — Ваше документе, молим.
Vaše dokumente, molim.

Ihren Führerschein, bitte. — Вашу возачку дозволу, молим.
Vašu vozačku dozvolu, molim.

Ihren Kfz-Schein, bitte. — Вашу саобраћајну дозволу, молим.
Vašu saobraćajnu dozvolu, molim.

40 [vierzig]

Nach dem Weg fragen

40 [четрдесет]
40 [četrdeset]

Питати за пут
Pitati za put

| | |
|---|---|
| Entschuldigen Sie! | Извините!<br>Izvinite! |
| Können Sie mir helfen? | Можете ли ми помоћи?<br>Možete li mi pomoći? |
| Wo gibt es hier ein gutes Restaurant? | Где овде има добар ресторан?<br>Gde ovde ima dobar restoran? |
| Gehen Sie links um die Ecke. | Идите лево иза угла.<br>Idite levo iza ugla. |
| Gehen Sie dann ein Stück geradeaus. | Затим идите право један део пута.<br>Zatim idite pravo jedan deo puta. |
| Gehen Sie dann hundert Meter nach rechts. | Затим идите стотину метара удесно.<br>Zatim idite stotinu metara udesno. |
| Sie können auch den Bus nehmen. | Можете такође узети аутобус.<br>Možete takođe uzeti autobus. |
| Sie können auch die Straßenbahn nehmen. | Можете такође узети трамвај.<br>Možete takođe uzeti tramvaj. |
| Sie können auch einfach hinter mir herfahren. | Можете такође једноставно возити за мном.<br>Možete takođe jednostavno voziti za mnom. |

40 [vierzig]

# Nach dem Weg fragen

40 [четрдесет]
40 [četrdeset]

# Питати за пут

Pitati za put

| | |
|---|---|
| Wie komme ich zum Fußballstadion? | Како да дођем до фудбалског стадиона?<br>Kako da dođem do fudbalskog stadiona? |
| Überqueren Sie die Brücke! | Пређите мост!<br>Pređite most! |
| Fahren Sie durch den Tunnel! | Возите кроз тунел!<br>Vozite kroz tunel! |
| Fahren Sie bis zur dritten Ampel. | Возите до трећег семафора.<br>Vozite do trećeg semafora. |
| Biegen Sie dann die erste Straße rechts ab. | Скрените затим у прву улицу десно.<br>Skrenite zatim u prvu ulicu desno. |
| Fahren Sie dann geradeaus über die nächste Kreuzung. | Затим возите право преко следеће раскрснице.<br>Zatim vozite pravo preko sledeće raskrsnice. |
| Entschuldigung, wie komme ich zum Flughafen? | Извините, како да дођем до аеродрома?<br>Izvinite, kako da dođem do aerodroma? |
| Am besten nehmen Sie die U-Bahn. | Најбоље је да узмете метро.<br>Najbolje je da uzmete metro. |
| Fahren Sie einfach bis zur Endstation. | Возите се једноставно до задње станице.<br>Vozite se jednostavno do zadnje stanice. |

41 [einundvierzig]

41 [четрдесет и један]
41 [četrdeset i jedan]

## Orientierung

## Оријентација
Orijentacija

| | |
|---|---|
| Wo ist das Fremdenverkehrsamt? | Где је туристичка агенција?<br>Gde je turistička agencija? |
| Haben Sie einen Stadtplan für mich? | Имате ли карту града за мене?<br>Imate li kartu grada za mene? |
| Kann man hier ein Hotelzimmer reservieren? | Може ли се овде резервисати хотелска соба?<br>Može li se ovde rezervisati hotelska soba? |
| Wo ist die Altstadt? | Где је стари град?<br>Gde je stari grad? |
| Wo ist der Dom? | Где је катедрала?<br>Gde je katedrala? |
| Wo ist das Museum? | Где је музеј?<br>Gde je muzej? |
| Wo gibt es Briefmarken zu kaufen? | Где се могу купити поштанске маркице?<br>Gde se mogu kupiti poštanske markice? |
| Wo gibt es Blumen zu kaufen? | Где се може купити цвеће?<br>Gde se može kupiti cveće? |
| Wo gibt es Fahrkarten zu kaufen? | Где се могу купити возне карте?<br>Gde se mogu kupiti vozne karte? |

41 [einundvierzig]

41 [четрдесет и један]
41 [četrdeset i jedan]

# Orientierung

# Оријентација
Orijentacija

| | |
|---|---|
| Wo ist der Hafen? | Где је лука?<br>Gde je luka? |
| Wo ist der Markt? | Где је пијаца?<br>Gde je pijaca? |
| Wo ist das Schloss? | Где је замак?<br>Gde je zamak? |
| Wann beginnt die Führung? | Када почиње (туристички) обилазак?<br>Kada počinje (turistički) obilazak? |
| Wann endet die Führung? | Када се завршава (туристичка) тура?<br>Kada se završava (turistička) tura? |
| Wie lange dauert die Führung? | Колико траје (туристичка) тура?<br>Koliko traje (turistička) tura? |
| Ich möchte einen Führer, der Deutsch spricht. | Ја желим водича који говори немачки.<br>Ja želim vodiča koji govori nemački. |
| Ich möchte einen Führer, der Italienisch spricht. | Ја желим водича који говори италијански.<br>Ja želim vodiča koji govori italijanski. |
| Ich möchte einen Führer, der Französisch spricht. | Ја желим водича који говори француски.<br>Ja želim vodiča koji govori francuski. |

42 [zweiundvierzig]

Stadtbesichtigung

42 [четрдесет и два]

42 [četrdeset i dva]

Разгледање града

Razgledanje grada

| | |
|---|---|
| Ist der Markt sonntags geöffnet? | Да ли је пијаца отворена недељом?<br>Da li je pijaca otvorena nedeljom? |
| Ist die Messe montags geöffnet? | Да ли је сајам отворен понедељком?<br>Da li je sajam otvoren ponedeljkom? |
| Ist die Ausstellung dienstags geöffnet? | Да ли је изложба отворена уторком?<br>Da li je izložba otvorena utorkom? |
| Hat der Zoo mittwochs geöffnet? | Да ли је зоолошки врт отворен средом?<br>Da li je zoološki vrt otvoren sredom? |
| Hat das Museum donnerstags geöffnet? | Да ли је музеј отворен четвртком?<br>Da li je muzej otvoren četvrtkom? |
| Hat die Galerie freitags geöffnet? | Да ли је галерија отворена петком?<br>Da li je galerija otvorena petkom? |
| Darf man fotografieren? | Да ли се сме фотографисати?<br>Da li se sme fotografisati? |
| Muss man Eintritt bezahlen? | Мора ли се платити улаз?<br>Mora li se platiti ulaz? |
| Wie viel kostet der Eintritt? | Колико кошта улаз?<br>Koliko košta ulaz? |

42 [zweiundvierzig]

# Stadtbesichtigung

42 [четрдесет и два]
42 [četrdeset i dva]

# Разгледање града
Razgledanje grada

| | |
|---|---|
| Gibt es eine Ermäßigung für Gruppen? | Има ли попуст за групе?<br>Ima li popust za grupe? |
| Gibt es eine Ermäßigung für Kinder? | Има ли попуст за децу?<br>Ima li popust za decu? |
| Gibt es eine Ermäßigung für Studenten? | Има ли попуст за студенте?<br>Ima li popust za studente? |
| Was für ein Gebäude ist das? | Каква је то зграда?<br>Kakva je to zgrada? |
| Wie alt ist das Gebäude? | Колико је стара та зграда?<br>Koliko je stara ta zgrada? |
| Wer hat das Gebäude gebaut? | Ко је саградио та зграду?<br>Ko je sagradio ta zgradu? |
| Ich interessiere mich für Architektur. | Ја се интересујем за архитектуру.<br>Ja se interesujem za arhitekturu. |
| Ich interessiere mich für Kunst. | Ја се интересујем за уметност.<br>Ja se interesujem za umetnost. |
| Ich interessiere mich für Malerei. | Ја се интересујем за сликарство.<br>Ja se interesujem za slikarstvo. |

43 [dreiundvierzig]

# Im Zoo

43 [четрдесет и три]
43 [četrdeset i tri]

# У золошком врту
U zološkom vrtu

| | |
|---|---|
| Dort ist der Zoo. | Тамо је зоолошки врт.<br>Tamo je zoološki vrt. |
| Dort sind die Giraffen. | Тамо су жирафе.<br>Tamo su žirafe. |
| Wo sind die Bären? | Где су медведи?<br>Gde su medvedi? |
| Wo sind die Elefanten? | Где су слонови?<br>Gde su slonovi? |
| Wo sind die Schlangen? | Где су змије?<br>Gde su zmije? |
| Wo sind die Löwen? | Где су лавови?<br>Gde su lavovi? |
| Ich habe einen Fotoapparat. | Ја имам фото-апарат.<br>Ja imam foto-aparat. |
| Ich habe auch eine Filmkamera. | Ја имам филмску камеру.<br>Ja imam filmsku kameru. |
| Wo ist eine Batterie? | Где је батерија?<br>Gde je baterija? |

43 [dreiundvierzig]

Im Zoo

43 [четрдесет и три]
43 [četrdeset i tri]

У золошком врту
U zološkom vrtu

Wo sind die Pinguine?
Где су пингвини?
Gde su pingvini?

Wo sind die Kängurus?
Где су кенгури?
Gde su kenguri?

Wo sind die Nashörner?
Где су носорози?
Gde su nosorozi?

Wo ist eine Toilette?
Где је тоалет?
Gde je toalet?

Dort ist ein Café.
Тамо је кафић.
Tamo je kafić.

Dort ist ein Restaurant.
Тамо је ресторан.
Tamo je restoran.

Wo sind die Kamele?
Где су камиле?
Gde su kamile?

Wo sind die Gorillas und die Zebras?
Где су гориле и зебре?
Gde su gorile i zebre?

Wo sind die Tiger und die Krokodile?
Где су тигрови и крокодили?
Gde su tigrovi i krokodili?

44 [vierundvierzig]

Abends ausgehen

44 [четрдесет и четири]
44 [četrdeset i četiri]

Излазити навече
Izlaziti naveče

| | |
|---|---|
| Gibt es hier eine Diskothek? | Има ли овде дискотека?<br>Ima li ovde diskoteka? |
| Gibt es hier einen Nachtclub? | Има ли овде ноћни клуб?<br>Ima li ovde noćni klub? |
| Gibt es hier eine Kneipe? | Има ли овде кафана?<br>Ima li ovde kafana? |
| Was gibt es heute Abend im Theater? | Шта има вечерас у позоришту?<br>Šta ima večeras u pozorištu? |
| Was gibt es heute Abend im Kino? | Шта има вечерас у биоскопу?<br>Šta ima večeras u bioskopu? |
| Was gibt es heute Abend im Fernsehen? | Шта има вечерас на телевизији?<br>Šta ima večeras na televiziji? |
| Gibt es noch Karten fürs Theater? | Има ли још карата за позориште?<br>Ima li još karata za pozorište? |
| Gibt es noch Karten fürs Kino? | Има ли још карата за биоскоп?<br>Ima li još karata za bioskop? |
| Gibt es noch Karten für das Fußballspiel? | Има ли још карата за фудбалску утакмицу?<br>Ima li još karata za fudbalsku utakmicu? |

44 [vierundvierzig]

Abends ausgehen

44 [четрдесет и четири]
44 [četrdeset i četiri]

Излазити навече
Izlaziti naveče

| | |
|---|---|
| Ich möchte ganz hinten sitzen. | Ја желим седети скроз позади.<br>Ja želim sedeti skroz pozadi. |
| Ich möchte irgendwo in der Mitte sitzen. | Ја желим седети негде у средини.<br>Ja želim sedeti negde u sredini. |
| Ich möchte ganz vorn sitzen. | Ја желим седети скроз напред.<br>Ja želim sedeti skroz napred. |
| Können Sie mir etwas empfehlen? | Можете ли ми нешто препоручити?<br>Možete li mi nešto preporučiti? |
| Wann beginnt die Vorstellung? | Када почиње представа?<br>Kada počinje predstava? |
| Können Sie mir eine Karte besorgen? | Можете ли ми набавити карту?<br>Možete li mi nabaviti kartu? |
| Ist hier in der Nähe ein Golfplatz? | Је ли овде у близини игралиште за голф?<br>Je li ovde u blizini igralište za golf? |
| Ist hier in der Nähe ein Tennisplatz? | Је ли овде у близини тениски терен?<br>Je li ovde u blizini teniski teren? |
| Ist hier in der Nähe ein Hallenbad? | Је ли овде у близини затворени базен?<br>Je li ovde u blizini zatvoreni bazen? |

45 [fünfundvierzig]

# Im Kino

45 [четрдесет и пет]
45 [četrdeset i pet]

# У биоскопу
U bioskopu

| | |
|---|---|
| Wir wollen ins Kino. | Ми желимо у биоскоп.<br>Mi želimo u bioskop. |
| Heute läuft ein guter Film. | Данас игра добар филм.<br>Danas igra dobar film. |
| Der Film ist ganz neu. | Филм је сасвим нов.<br>Film je sasvim nov. |
| Wo ist die Kasse? | Где је благајна?<br>Gde je blagajna? |
| Gibt es noch freie Plätze? | Има ли још слободних места?<br>Ima li još slobodnih mesta? |
| Was kosten die Eintrittskarten? | Колико коштају улазнице?<br>Koliko koštaju ulaznice? |
| Wann beginnt die Vorstellung? | Када почиње представа?<br>Kada počinje predstava? |
| Wie lange dauert der Film? | Колико траје филм?<br>Koliko traje film? |
| Kann man Karten reservieren? | Могу ли се резервисати карте?<br>Mogu li se rezervisati karte? |

45 [fünfundvierzig]

Im Kino

45 [четрдесет и пет]
45 [četrdeset i pet]

У биоскопу
U bioskopu

| | |
|---|---|
| Ich möchte hinten sitzen. | Хтео / хтела бих седети позади.<br>Hteo / htela bih sedeti pozadi. |
| Ich möchte vorn sitzen. | Хтео / хтела бих седети напред.<br>Hteo / htela bih sedeti napred. |
| Ich möchte in der Mitte sitzen. | Хтео / хтела бих седети у средини.<br>Hteo / htela bih sedeti u sredini. |
| Der Film war spannend. | Филм је био напет.<br>Film je bio napet. |
| Der Film war nicht langweilig. | Филм није био досадан.<br>Film nije bio dosadan. |
| Aber das Buch zum Film war besser. | Али књига је била боља од филма.<br>Ali knjiga je bila bolja od filma. |
| Wie war die Musik? | Каква је била музика?<br>Kakva je bila muzika? |
| Wie waren die Schauspieler? | Какви су били глумци?<br>Kakvi su bili glumci? |
| Gab es Untertitel in englischer Sprache? | Да ли је било титловано на енглеском језику?<br>Da li je bilo titlovano na engleskom jeziku? |

46 [sechsundvierzig]

46 [четрдесет и шест]
46 [četrdeset i šest]

# In der Diskothek

# У дискотеци
U diskoteci

| | |
|---|---|
| Ist der Platz hier frei? | Да ли је место слободно?<br>Da li je mesto slobodno? |
| Darf ich mich zu Ihnen setzen? | Могу ли сести до Вас?<br>Mogu li sesti do Vas? |
| Gern. | Радо.<br>Rado. |
| Wie finden Sie die Musik? | Како Вам се свиђа музика?<br>Kako Vam se sviđa muzika? |
| Ein bisschen zu laut. | Мало је прегласна.<br>Malo je preglasna. |
| Aber die Band spielt ganz gut. | Али бенд свира сасвим добро.<br>Ali bend svira sasvim dobro. |
| Sind Sie öfter hier? | Јесте ли често овде?<br>Jeste li često ovde? |
| Nein, das ist das erste Mal. | Не, ово је први пут.<br>Ne, ovo je prvi put. |
| Ich war noch nie hier. | Ја још никада нисам био / била овде.<br>Ja još nikada nisam bio / bila ovde. |

46 [sechsundvierzig]

In der Diskothek

46 [четрдесет и шест]
46 [četrdeset i šest]

У дискотеци
U diskoteci

| | |
|---|---|
| Tanzen Sie? | Плешете ли?<br>Plešete li? |
| Später vielleicht. | Можда касније.<br>Možda kasnije. |
| Ich kann nicht so gut tanzen. | Ја не знам тако добро плесати.<br>Ja ne znam tako dobro plesati. |
| Das ist ganz einfach. | То је сасвим једноставно.<br>To je sasvim jednostavno. |
| Ich zeige es Ihnen. | Ја ћу Вам показати.<br>Ja ću Vam pokazati. |
| Nein, lieber ein anderes Mal. | Не, радије други пут.<br>Ne, radije drugi put. |
| Warten Sie auf jemand? | Чекате ли некога?<br>Čekate li nekoga? |
| Ja, auf meinen Freund. | Да, мог пријатеља.<br>Da, mog prijatelja. |
| Da hinten kommt er ja! | Ено га тамо иза долази!<br>Eno ga tamo iza dolazi! |

47
[siebenundvierzig]

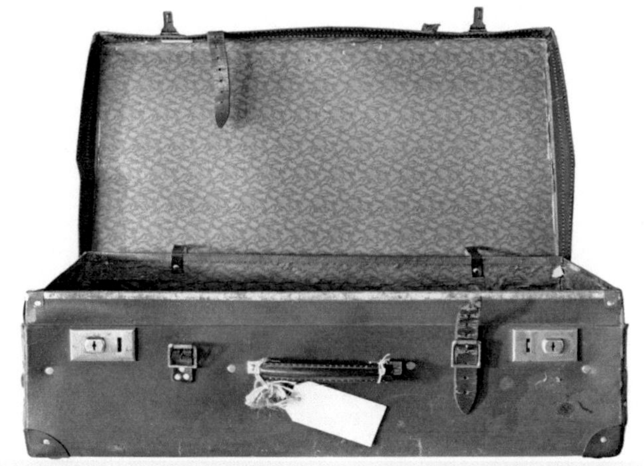

47 [четрдесет и седам]
47 [četrdeset i sedam]

# Reisevorbereitungen

# Припреме за пут
Pripreme za put

| | |
|---|---|
| Du musst unseren Koffer packen! | Мораш спаковати наш кофер!<br>Moraš spakovati naš kofer! |
| Du darfst nichts vergessen! | Не смеш ништа заборавити!<br>Ne smeš ništa zaboraviti! |
| Du brauchst einen großen Koffer! | Треба ти велики кофер!<br>Treba ti veliki kofer! |
| Vergiss nicht den Reisepass! | Не заборави пасош!<br>Ne zaboravi pasoš! |
| Vergiss nicht das Flugticket! | Не заборави авионску карту!<br>Ne zaboravi avionsku kartu! |
| Vergiss nicht die Reiseschecks! | Не заборави путне чекове!<br>Ne zaboravi putne čekove! |
| Nimm Sonnencreme mit. | Понеси крему за сунчање.<br>Ponesi kremu za sunčanje. |
| Nimm die Sonnenbrille mit. | Понеси наочаре за сунце.<br>Ponesi naočare za sunce. |
| Nimm den Sonnenhut mit. | Понеси шешир за сунце.<br>Ponesi šešir za sunce. |

47
[siebenundvierzig]

Reisevorbereitungen

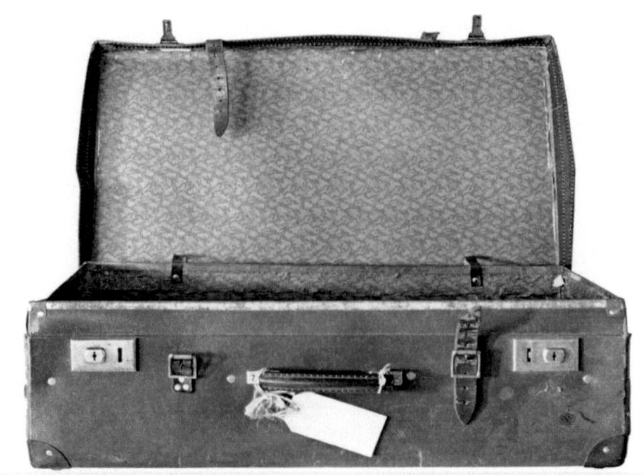

47 [четрдесет и седам]
47 [četrdeset i sedam]

Припреме за пут
Pripreme za put

| | |
|---|---|
| Willst du eine Straßenkarte mitnehmen? | Хоћеш ли понети ауто карту?<br>Hoćeš li poneti auto kartu? |
| Willst du einen Reiseführer mitnehmen? | Хоћеш ли понети водич за путовања?<br>Hoćeš li poneti vodič za putovanja? |
| Willst du einen Regenschirm mitnehmen? | Хоћеш ли понети кишобран?<br>Hoćeš li poneti kišobran? |
| Denk an die Hosen, die Hemden, die Socken. | Мисли на панталоне, кошуље, чарапе.<br>Misli na pantalone, košulje, čarape. |
| Denk an die Krawatten, die Gürtel, die Sakkos. | Мисли на кравате, каишеве, сакое.<br>Misli na kravate, kaiševe, sakoe. |
| Denk an die Schlafanzüge, die Nachthemden und die T-Shirts. | Мисли на пиџаме, спаваћице и мајице.<br>Misli na pidžame, spavaćice i majice. |
| Du brauchst Schuhe, Sandalen und Stiefel. | Требаш ципеле, сандале и чизме.<br>Trebaš cipele, sandale i čizme. |
| Du brauchst Taschentücher, Seife und eine Nagelschere. | Требаш марамице, сапун и маказе за нокте.<br>Trebaš maramice, sapun i makaze za nokte. |
| Du brauchst einen Kamm, eine Zahnbürste und Zahnpasta. | Требаш чешаљ, четкицу за зубе и пасту за зубе.<br>Trebaš češalj, četkicu za zube i pastu za zube. |

48 [achtundvierzig]

Urlaubsaktivitäte
n

48 [четрдесет и
осам]
48 [četrdeset i osam]

# Активности на годишњем одмору

Aktivnosti na godišnjem
odmoru

| | |
|---|---|
| Ist der Strand sauber? | Је ли плажа чиста?<br>Je li plaža čista? |
| Kann man dort baden? | Може ли се тамо купати?<br>Može li se tamo kupati? |
| Ist es nicht gefährlich, dort zu baden? | Није ли опасно тамо се купати?<br>Nije li opasno tamo se kupati? |
| Kann man hier einen Sonnenschirm leihen? | Може ли се овде изнајмити сунцобран?<br>Može li se ovde iznajmiti suncobran? |
| Kann man hier einen Liegestuhl leihen? | Може ли се овде изнајмити лежаљка?<br>Može li se ovde iznajmiti ležaljka? |
| Kann man hier ein Boot leihen? | Може ли се овде изнајмити чамац?<br>Može li se ovde iznajmiti čamac? |
| Ich würde gern surfen. | Ја бих радо сурфао / сурфала.<br>Ja bih rado surfao / surfala. |
| Ich würde gern tauchen. | Ја бих радо ронио / ронила.<br>Ja bih rado ronio / ronila. |
| Ich würde gern Wasserski fahren. | Ја бих радо скијао / скијала на води.<br>Ja bih rado skijao / skijala na vodi. |

48 [achtundvierzig]

Urlaubsaktivitäte
n

48 [четрдесет и осам]
48 [četrdeset i osam]

Активности на годишњем одмору
Aktivnosti na godišnjem odmoru

| | |
|---|---|
| Kann man ein Surfbrett mieten? | Може ли се изнајмити даска за сурфање?<br>Može li se iznajmiti daska za surfanje? |
| Kann man eine Taucherausrüstung mieten? | Може ли се изнајмити опрема за роњење?<br>Može li se iznajmiti oprema za ronjenje? |
| Kann man Wasserskier mieten? | Могу ли се изнајмити водене скије?<br>Mogu li se iznajmiti vodene skije? |
| Ich bin erst Anfänger. | Ја сам тек почетник.<br>Ja sam tek početnik. |
| Ich bin mittelgut. | Ја сам просечно добар / добра.<br>Ja sam prosečno dobar / dobra. |
| Ich kenne mich damit schon aus. | Сналазим се већ с тим.<br>Snalazim se već s tim. |
| Wo ist der Skilift? | Где је ски лифт?<br>Gde je ski lift? |
| Hast du denn Skier dabei? | Имаш ли са собом скије?<br>Imaš li sa sobom skije? |
| Hast du denn Skischuhe dabei? | Имаш ли обућу за скијање ту?<br>Imaš li obuću za skijanje tu? |

49 [neunundvierzig]

# Sport

49 [четрдесет и девет]
49 [četrdeset i devet]

# Спорт
Sport

Treibst du Sport?
Бавиш ли се спортом?
Baviš li se sportom?

Ja, ich muss mich bewegen.
Да, морам се кретати.
Da, moram se kretati.

Ich gehe in einen Sportverein.
Идем у једно спортско удружење.
Idem u jedno sportsko udruženje.

Wir spielen Fußball.
Ми играмо фудбал.
Mi igramo fudbal.

Manchmal schwimmen wir.
Понекад пливамо.
Ponekad plivamo.

Oder wir fahren Rad.
Или возимо бицикл.
Ili vozimo bicikl.

In unserer Stadt gibt es ein Fußballstadion.
У нашем граду има фудбалски стадион.
U našem gradu ima fudbalski stadion.

Es gibt auch ein Schwimmbad mit Sauna.
Има такође и базен са сауном.
Ima takođe i bazen sa saunom.

Und es gibt einen Golfplatz.
И има терен за голф.
I ima teren za golf.

49 [neunundvierzig]

# Sport

49 [четрдесет и девет]
49 [četrdeset i devet]

# Спорт
Sport

| | |
|---|---|
| Was gibt es im Fernsehen? | Шта има на телевизији?<br>Šta ima na televiziji? |
| Gerade gibt es ein Fußballspiel. | Управо траје фудбалска утакмица.<br>Upravo traje fudbalska utakmica. |
| Die deutsche Mannschaft spielt gegen die englische. | Немачки тим игра против енглеског.<br>Nemački tim igra protiv engleskog. |
| Wer gewinnt? | Ко ће победити?<br>Ko će pobediti? |
| Ich habe keine Ahnung. | Немам појма.<br>Nemam pojma. |
| Im Moment steht es unentschieden. | Тренутно је нерешено.<br>Trenutno je nerešeno. |
| Der Schiedsrichter kommt aus Belgien. | Судија је из Белгије.<br>Sudija je iz Belgije. |
| Jetzt gibt es einen Elfmeter. | Сада се изводи једанаестерац.<br>Sada se izvodi jedanaesterac. |
| Tor! Eins zu null! | Го! Један према нула!<br>Go! Jedan prema nula! |

50 [fünfzig]

50 [педесет]
50 [pedeset]

## Im Schwimmbad

## На базену
Na bazenu

| | |
|---|---|
| Heute ist es heiß. | Данас је вруће.<br>Danas je vruće. |
| Gehen wir ins Schwimmbad? | Идемо ли на базен?<br>Idemo li na bazen? |
| Hast du Lust, schwimmen zu gehen? | Јеси ли расположен / расположена за пливање?<br>Jesi li raspoložen / raspoložena za plivanje? |
| Hast du ein Handtuch? | Имаш ли пешкир?<br>Imaš li peškir? |
| Hast du eine Badehose? | Имаш ли купаће гаће?<br>Imaš li kupaće gaće? |
| Hast du einen Badeanzug? | Имаш ли купаћи костим?<br>Imaš li kupaći kostim? |
| Kannst du schwimmen? | Знаш ли пливати?<br>Znaš li plivati? |
| Kannst du tauchen? | Знаш ли ронити?<br>Znaš li roniti? |
| Kannst du ins Wasser springen? | Знаш ли скакати у воду?<br>Znaš li skakati u vodu? |

50 [fünfzig]

# Im Schwimmbad

50 [педесет]
50 [pedeset]

# На базену
Na bazenu

| | |
|---|---|
| Wo ist die Dusche? | Где је туш?<br>Gde je tuš? |
| Wo ist die Umkleidekabine? | Где је кабина за пресвлачење?<br>Gde je kabina za presvlačenje? |
| Wo ist die Schwimmbrille? | Где су наочале за пливање?<br>Gde su naočale za plivanje? |
| Ist das Wasser tief? | Да ли је вода дубока?<br>Da li je voda duboka? |
| Ist das Wasser sauber? | Да ли је вода чиста?<br>Da li je voda čista? |
| Ist das Wasser warm? | Да ли је вода топла?<br>Da li je voda topla? |
| Ich friere. | Ја се смрзавам.<br>Ja se smrzavam. |
| Das Wasser ist zu kalt. | Вода је прехладна.<br>Voda je prehladna. |
| Ich gehe jetzt aus dem Wasser. | Идем сада ван из воде.<br>Idem sada van iz vode. |

51 [einundfünfzig]

Besorgungen machen

51 [педесет и један]
51 [pedeset i jedan]

Обављање потрепштина
Obavljanje potrepština

| | |
|---|---|
| Ich will in die Bibliothek. | Хоћу у библиотеку.<br>Hoću u biblioteku. |
| Ich will in die Buchhandlung. | Хоћу у књижару.<br>Hoću u knjižaru. |
| Ich will zum Kiosk. | Хоћу до трафике.<br>Hoću do trafike. |
| Ich will ein Buch leihen. | Ја хоћу да изнајмим књигу.<br>Ja hoću da iznajmim knjigu. |
| Ich will ein Buch kaufen. | Ја хоћу да купим књигу.<br>Ja hoću da kupim knjigu. |
| Ich will eine Zeitung kaufen. | Ја хоћу да купим новине.<br>Ja hoću da kupim novine. |
| Ich will in die Bibliothek, um ein Buch zu leihen. | Ја хоћу у библиотеку да изнајмим књигу.<br>Ja hoću u biblioteku da iznajmim knjigu. |
| Ich will in die Buchhandlung, um ein Buch zu kaufen. | Ја хоћу у књижару да купим књигу.<br>Ja hoću u knjižaru da kupim knjigu. |
| Ich will zum Kiosk, um eine Zeitung zu kaufen. | Ја хоћу до трафике да купим новине.<br>Ja hoću do trafike da kupim novine. |

51 [einundfünfzig]

Besorgungen machen

51 [педесет и један]
51 [pedeset i jedan]

Обављање потрепштина
Obavljanje potrepština

| | |
|---|---|
| Ich will zum Optiker. | Ја хоћу до оптичара.<br>Ja hoću do optičara. |
| Ich will zum Supermarkt. | Ја хоћу до супермаркета.<br>Ja hoću do supermarketa. |
| Ich will zum Bäcker. | Ја хоћу до пекара.<br>Ja hoću do pekara. |
| Ich will eine Brille kaufen. | Ја хоћу да купим наочале.<br>Ja hoću da kupim naočale. |
| Ich will Obst und Gemüse kaufen. | Ја хоћу да купим воће и поврће.<br>Ja hoću da kupim voće i povrće. |
| Ich will Brötchen und Brot kaufen. | Ја хоћу да купим кајзерице и хлеб.<br>Ja hoću da kupim kajzerice i hleb. |
| Ich will zum Optiker, um eine Brille zu kaufen. | Ја хоћу до оптичара да купим наочале.<br>Ja hoću do optičara da kupim naočale. |
| Ich will zum Supermarkt, um Obst und Gemüse zu kaufen. | Ја хоћу до супермаркета да купим воће и поврће.<br>Ja hoću do supermarketa da kupim voće i povrće. |
| Ich will zum Bäcker, um Brötchen und Brot zu kaufen. | Ја хоћу до пекара да купим кајзерице и хлеб.<br>Ja hoću do pekara da kupim kajzerice i hleb. |

52 [zweiundfünfzig]

52 [педесет и два]
52 [pedeset i dva]

# Im Kaufhaus

# У робној кући
U robnoj kući

| | |
|---|---|
| Gehen wir in ein Kaufhaus? | Идемо ли у робну кућу?<br>Idemo li u robnu kuću? |
| Ich muss Einkäufe machen. | Ја морам обавити куповину.<br>Ja moram obaviti kupovinu. |
| Ich will viel einkaufen. | Хоћу пуно тога да купим.<br>Hoću puno toga da kupim. |
| Wo sind die Büroartikel? | Где су канцеларијски артикли?<br>Gde su kancelarijski artikli? |
| Ich brauche Briefumschläge und Briefpapier. | Требам коверте и папир за писма.<br>Trebam koverte i papir za pisma. |
| Ich brauche Kulis und Filzstifte. | Требам хемијске оловке и фломастере.<br>Trebam hemijske olovke i flomastere. |
| Wo sind die Möbel? | Где је намештај?<br>Gde je nameštaj? |
| Ich brauche einen Schrank und eine Kommode. | Требам ормар и комоду.<br>Trebam ormar i komodu. |
| Ich brauche einen Schreibtisch und ein Regal. | Требам писаћи сто и регал.<br>Trebam pisaći sto i regal. |

52 [zweiundfünfzig]

52 [педесет и два]
52 [pedeset i dva]

# Im Kaufhaus

# У робној кући
U robnoj kući

| | |
|---|---|
| Wo sind die Spielsachen? | Где су играчке?<br>Gde su igračke? |
| Ich brauche eine Puppe und einen Teddybär. | Требам лутку и медведића.<br>Trebam lutku i medvedića. |
| Ich brauche einen Fußball und ein Schachspiel. | Требам фудбалску лопту и шах.<br>Trebam fudbalsku loptu i šah. |
| Wo ist das Werkzeug? | Где је алат?<br>Gde je alat? |
| Ich brauche einen Hammer und eine Zange. | Требам чекић и клешта.<br>Trebam čekić i klešta. |
| Ich brauche einen Bohrer und einen Schraubenzieher. | Требам бушилицу и одвијач.<br>Trebam bušilicu i odvijač. |
| Wo ist der Schmuck? | Где је накит?<br>Gde je nakit? |
| Ich brauche eine Kette und ein Armband. | Требам огрлицу и наруквицу.<br>Trebam ogrlicu i narukvicu. |
| Ich brauche einen Ring und Ohrringe. | Требам прстен и наушнице.<br>Trebam prsten i naušnice. |

53 [dreiundfünfzig]

53 [педесет и три]
53 [pedeset i tri]

## Geschäfte

## Трговине
Trgovine

| | |
|---|---|
| Wir suchen ein Sportgeschäft. | Ми тражимо продавницу спортске опреме.<br>Mi tražimo prodavnicu sportske opreme. |
| Wir suchen eine Fleischerei. | Ми тражимо месницу.<br>Mi tražimo mesnicu. |
| Wir suchen eine Apotheke. | Ми тражимо апотеку.<br>Mi tražimo apoteku. |
| Wir möchten nämlich einen Fußball kaufen. | Наиме, желимо купити фудбалску лопту.<br>Naime, želimo kupiti fudbalsku loptu. |
| Wir möchten nämlich Salami kaufen. | Наиме, желимо купити саламу.<br>Naime, želimo kupiti salamu. |
| Wir möchten nämlich Medikamente kaufen. | Наиме, желимо купити лекове.<br>Naime, želimo kupiti lekove. |
| Wir suchen ein Sportgeschäft, um einen Fußball zu kaufen. | Ми тражимо продавницу спортске опреме да бисмо купили фудбалску лопту.<br>Mi tražimo prodavnicu sportske opreme da bismo kupili fudbalsku loptu. |
| Wir suchen eine Fleischerei, um Salami zu kaufen. | Ми тражимо месницу да бисмо купили саламу.<br>Mi tražimo mesnicu da bismo kupili salamu. |
| Wir suchen eine Apotheke, um Medikamente zu kaufen. | Ми тражимо апотеку да бисмо купили лекове.<br>Mi tražimo apoteku da bismo kupili lekove. |

53 [dreiundfünfzig]

Geschäfte

53 [педесет и три]
53 [pedeset i tri]

Трговине
Trgovine

| | |
|---|---|
| Ich suche einen Juwelier. | Ја тражим златара.<br>Ja tražim zlatara. |
| Ich suche ein Fotogeschäft. | Ја тражим фото радњу.<br>Ja tražim foto radnju. |
| Ich suche eine Konditorei. | Ја тражим посластичарницу.<br>Ja tražim poslastičarnicu. |
| Ich habe nämlich vor, einen Ring zu kaufen. | Наиме, намеравам купити прстен.<br>Naime, nameravam kupiti prsten. |
| Ich habe nämlich vor, einen Film zu kaufen. | Наиме, намеравам купити филм.<br>Naime, nameravam kupiti film. |
| Ich habe nämlich vor, eine Torte zu kaufen. | Наиме, намеравам купити торту.<br>Naime, nameravam kupiti tortu. |
| Ich suche einen Juwelier, um einen Ring zu kaufen. | Ја тражим златара да купим прстен.<br>Ja tražim zlatara da kupim prsten. |
| Ich suche ein Fotogeschäft, um einen Film zu kaufen. | Ја тражим фото радњу да купим филм.<br>Ja tražim foto radnju da kupim film. |
| Ich suche eine Konditorei, um eine Torte zu kaufen. | Ја тражим посластичарницу да купим торту.<br>Ja tražim poslastičarnicu da kupim tortu. |

54 [vierundfünfzig]

Einkaufen

54 [педесет и четири]
54 [pedeset i četiri]

Куповина
Kupovina

| | |
|---|---|
| Ich möchte ein Geschenk kaufen. | Ја желим купити поклон.<br>Ja želim kupiti poklon. |
| Aber nichts allzu Teueres. | Али ништа превише скупо.<br>Ali ništa previše skupo. |
| Vielleicht eine Handtasche? | Имате ли можда ташну?<br>Imate li možda tašnu? |
| Welche Farbe möchten Sie? | Коју боју желите?<br>Koju boju želite? |
| Schwarz, braun oder weiß? | Црна, смеђа или бела?<br>Crna, smeđa ili bela? |
| Eine große oder eine kleine? | Велику или малу?<br>Veliku ili malu? |
| Darf ich diese mal sehen? | Могу ли видети ову?<br>Mogu li videti ovu? |
| Ist die aus Leder? | Је ли од коже?<br>Je li od kože? |
| Oder ist die aus Kunststoff? | Или је од вештачког материјала?<br>Ili je od veštačkog materijala? |

54 [vierundfünfzig]

Einkaufen

54 [педесет и четири]

54 [pedeset i četiri]

Куповина

Kupovina

| | |
|---|---|
| Aus Leder natürlich. | Наравно, од коже.<br>Naravno, od kože. |
| Das ist eine besonders gute Qualität. | То је нарочито добар квалитет.<br>To je naročito dobar kvalitet. |
| Und die Handtasche ist wirklich sehr preiswert. | А ташна ја заиста повољна.<br>A tašna ja zaista povoljna. |
| Die gefällt mir. | Ова ми се допада.<br>Ova mi se dopada. |
| Die nehme ich. | Ову ћу узети.<br>Ovu ću uzeti. |
| Kann ich die eventuell umtauschen? | Могу ли је евентуално заменити?<br>Mogu li je eventualno zameniti? |
| Selbstverständlich. | Подразумева се.<br>Podrazumeva se. |
| Wir packen sie als Geschenk ein. | Запаковаћемо је као поклон.<br>Zapakovaćemo je kao poklon. |
| Dort drüben ist die Kasse. | Тамо преко је благајна.<br>Tamo preko je blagajna. |

55 [fünfundfünfzig]

55 [педесет и пет]
55 [pedeset i pet]

## Arbeiten

## Радити
Raditi

| | |
|---|---|
| Was machen Sie beruflich? | Шта сте по занимању?<br>Šta ste po zanimanju? |
| Mein Mann ist Arzt von Beruf. | Мој муж је по занимању доктор.<br>Moj muž je po zanimanju doktor. |
| Ich arbeite halbtags als Krankenschwester. | Ја радим пола радног времена као медицинска сестра.<br>Ja radim pola radnog vremena kao medicinska sestra. |
| Bald bekommen wir Rente. | Ускоро ћемо добити пензију.<br>Uskoro ćemo dobiti penziju. |
| Aber die Steuern sind hoch. | Али су порези високи.<br>Ali su porezi visoki. |
| Und die Krankenversicherung ist hoch. | И здравствено осигурање је високо.<br>I zdravstveno osiguranje je visoko. |
| Was willst du einmal werden? | Шта желиш једном постати?<br>Šta želiš jednom postati? |
| Ich möchte Ingenieur werden. | Ја желим постати инжењер.<br>Ja želim postati inženjer. |
| Ich will an der Universität studieren. | Студираћу на универзитету.<br>Studiraću na univerzitetu. |

55 [fünfundfünfzig]

55 [педесет и пет]
55 [pedeset i pet]

## Arbeiten

## Радити
Raditi

| | |
|---|---|
| Ich bin Praktikant. | Ја сам приправник.<br>Ja sam pripravnik. |
| Ich verdiene nicht viel. | Ја не зарађујем много.<br>Ja ne zarađujem mnogo. |
| Ich mache ein Praktikum im Ausland. | Ја одрађујем приправнички стаж у иностранству.<br>Ja odrađujem pripravnički staž u inostranstvu. |
| Das ist mein Chef. | Ово је мој шеф.<br>Ovo je moj šef. |
| Ich habe nette Kollegen. | Имам драге колеге.<br>Imam drage kolege. |
| Mittags gehen wir immer in die Kantine. | У подне увек идемо у кантину.<br>U podne uvek idemo u kantinu. |
| Ich suche eine Stelle. | Ја тражим радно место.<br>Ja tražim radno mesto. |
| Ich bin schon ein Jahr arbeitslos. | Ја сам већ годину дана незапослен / незапослена.<br>Ja sam već godinu dana nezaposlen / nezaposlena. |
| In diesem Land gibt es zu viele Arbeitslose. | У овој земљи има превише незапослених.<br>U ovoj zemlji ima previše nezaposlenih. |

56
[sechsundfünfzig]

56 [педесет и шест]
56 [pedeset i šest]

# Gefühle

# Осећаји
Osećaji

| | |
|---|---|
| Lust haben | Бити расположен.<br>Biti raspoložen. |
| Wir haben Lust. | Расположени смо.<br>Raspoloženi smo. |
| Wir haben keine Lust. | Нисмо расположени.<br>Nismo raspoloženi. |
| Angst haben | Плашити се.<br>Plašiti se. |
| Ich habe Angst. | Ја се плашим.<br>Ja se plašim. |
| Ich habe keine Angst. | Ја се не плашим.<br>Ja se ne plašim. |
| Zeit haben | Имати времена<br>Imati vremena |
| Er hat Zeit. | Он има времена.<br>On ima vremena. |
| Er hat keine Zeit. | Он нема времена.<br>On nema vremena. |

56 [sechsundfünfzig]

## Gefühle

56 [педесет и шест]
56 [pedeset i šest]

## Осећаји
Osećaji

| | |
|---|---|
| Langeweile haben | Досађивати се<br>Dosađivati se |
| Sie hat Langeweile. | Она се досађује.<br>Ona se dosađuje. |
| Sie hat keine Langeweile. | Она се не досађује.<br>Ona se ne dosađuje. |
| Hunger haben | Бити гладан<br>Biti gladan |
| Habt ihr Hunger? | Јесте ли гладни?<br>Jeste li gladni? |
| Habt ihr keinen Hunger? | Ви нисте гладни?<br>Vi niste gladni? |
| Durst haben | Бити жедан<br>Biti žedan |
| Sie haben Durst. | Они су жедни.<br>Oni su žedni. |
| Sie haben keinen Durst. | Они нису жедни.<br>Oni nisu žedni. |

57 [siebenundfünfzig]

57 [педесет и седам]
57 [pedeset i sedam]

## Beim Arzt

## Код доктора
Kod doktora

| | |
|---|---|
| Ich habe einen Termin beim Arzt. | Ја имам заказан термин код доктора.<br>Ja imam zakazan termin kod doktora. |
| Ich habe den Termin um zehn Uhr. | Ја имам заказан термин у десет часова.<br>Ja imam zakazan termin u deset časova. |
| Wie ist Ihr Name? | Како је Ваше име?<br>Kako je Vaše ime? |
| Bitte nehmen Sie im Wartezimmer Platz. | Молим Вас, причекајте у чекаоници.<br>Molim Vas, pričekajte u čekaonici. |
| Der Arzt kommt gleich. | Доктор долази одмах.<br>Doktor dolazi odmah. |
| Wo sind Sie versichert? | Где сте осигурани?<br>Gde ste osigurani? |
| Was kann ich für Sie tun? | Шта могу учинити за Вас?<br>Šta mogu učiniti za Vas? |
| Haben Sie Schmerzen? | Имате ли болове?<br>Imate li bolove? |
| Wo tut es weh? | Где боли?<br>Gde boli? |

57
[siebenundfünfzig]

Beim Arzt

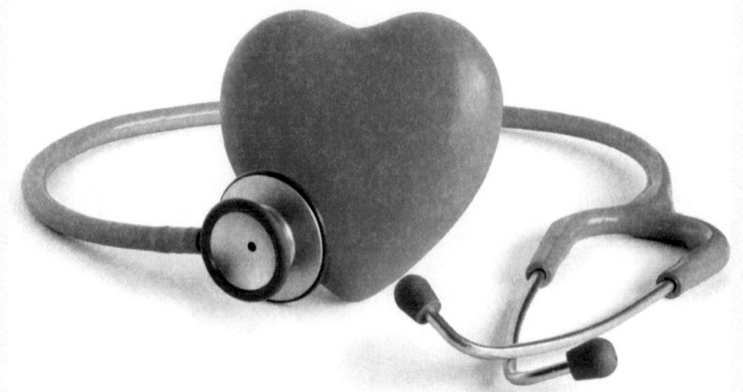

57 [педесет и седам]
57 [pedeset i sedam]

Код доктора
Kod doktora

| | |
|---|---|
| Ich habe immer Rückenschmerzen. | Ја имам увек болове у леђима.<br>Ja imam uvek bolove u leđima. |
| Ich habe oft Kopfschmerzen. | Ја често имам главобољу.<br>Ja često imam glavobolju. |
| Ich habe manchmal Bauchschmerzen. | Ја понекад имам болове у стомаку.<br>Ja ponekad imam bolove u stomaku. |
| Machen Sie bitte den Oberkörper frei! | Молим Вас, ослободите горњи део тела!<br>Molim Vas, oslobodite gornji deo tela! |
| Legen Sie sich bitte auf die Liege! | Молим Вас, лезите на лежаљку!<br>Molim Vas, lezite na ležaljku! |
| Der Blutdruck ist in Ordnung. | Крвни притисак је у реду.<br>Krvni pritisak je u redu. |
| Ich gebe Ihnen eine Spritze. | Ја ћу Вам дати ињекцију.<br>Ja ću Vam dati injekciju. |
| Ich gebe Ihnen Tabletten. | Ја ћу Вам дати таблете.<br>Ja ću Vam dati tablete. |
| Ich gebe Ihnen ein Rezept für die Apotheke. | Ја ћу Вам дати рецепт за апотеку.<br>Ja ću Vam dati recept za apoteku. |

58 [achtundfünfzig]

58 [педесет и осам]
58 [pedeset i osam]

## Körperteile

## Делови тела
Delovi tela

Ich zeichne einen Mann.
Ја цртам мушкарца.
Ja crtam muškarca.

Zuerst den Kopf.
Прво главу.
Prvo glavu.

Der Mann trägt einen Hut.
Мушкарац носи шешир.
Muškarac nosi šešir.

Die Haare sieht man nicht.
Коса се не види.
Kosa se ne vidi.

Die Ohren sieht man auch nicht.
Уши се такође не виде.
Uši se takođe ne vide.

Den Rücken sieht man auch nicht.
Леђа се такође не виде.
Leđa se takođe ne vide.

Ich zeichne die Augen und den Mund.
Ја цртам очи и уста.
Ja crtam oči i usta.

Der Mann tanzt und lacht.
Мушкарац плеше и смеје се.
Muškarac pleše i smeje se.

Der Mann hat eine lange Nase.
Мушкарац има дуг нос.
Muškarac ima dug nos.

58 [achtundfünfzig]

Körperteile

58 [педесет и осам]
58 [pedeset i osam]

Делови тела
Delovi tela

| | |
|---|---|
| Er trägt einen Stock in den Händen. | Он носи штап у рукама.<br>On nosi štap u rukama. |
| Er trägt auch einen Schal um den Hals. | Он такође носи шал око врата.<br>On takođe nosi šal oko vrata. |
| Es ist Winter und es ist kalt. | Зима је и хладно је.<br>Zima je i hladno je. |
| Die Arme sind kräftig. | Руке су снажне.<br>Ruke su snažne. |
| Die Beine sind auch kräftig. | Ноге су такође снажне.<br>Noge su takođe snažne. |
| Der Mann ist aus Schnee. | Мушкарац је од снега.<br>Muškarac je od snega. |
| Er trägt keine Hose und keinen Mantel. | Он не носи панталоне и мантил.<br>On ne nosi pantalone i mantil. |
| Aber der Mann friert nicht. | Али мушкарац се не смрзава.<br>Ali muškarac se ne smrzava. |
| Er ist ein Schneemann. | Он је Снешко Белић.<br>On je Sneško Belić. |

59 [neunundfünfzig]

59 [педесет и девет]
59 [pedeset i devet]

# Im Postamt

# У пошти
U pošti

| | |
|---|---|
| Wo ist das nächste Postamt? | Где је најближа пошта?<br>Gde je najbliža pošta? |
| Ist es weit bis zum nächsten Postamt? | Је ли далеко најближа пошта?<br>Je li daleko najbliža pošta? |
| Wo ist der nächste Briefkasten? | Где је најближе поштанско сандуче?<br>Gde je najbliže poštansko sandučе? |
| Ich brauche ein paar Briefmarken. | Требам неколико поштанских маркица.<br>Trebam nekoliko poštanskih markica. |
| Für eine Karte und einen Brief. | За разгледницу и писмо.<br>Za razglednicu i pismo. |
| Wie teuer ist das Porto nach Amerika? | Колика је поштарина за Америку?<br>Kolika je poštarina za Ameriku? |
| Wie schwer ist das Paket? | Колико је тежак пакет?<br>Koliko je težak paket? |
| Kann ich es per Luftpost schicken? | Могу ли га послати ваздушном поштом?<br>Mogu li ga poslati vazdušnom poštom? |
| Wie lange dauert es, bis es ankommt? | За колико времена стиже?<br>Za koliko vremena stiže? |

59 [neunundfünfzig]

# Im Postamt

59 [педесет и девет]

59 [pedeset i devet]

# У пошти

U pošti

| | |
|---|---|
| Wo kann ich telefonieren? | Где могу телефонирати?<br>Gde mogu telefonirati? |
| Wo ist die nächste Telefonzelle? | Где је најближа телефонска говорница?<br>Gde je najbliža telefonska govornica? |
| Haben Sie Telefonkarten? | Имате ли телефонске картице?<br>Imate li telefonske kartice? |
| Haben Sie ein Telefonbuch? | Имате ли телефонски именик?<br>Imate li telefonski imenik? |
| Kennen Sie die Vorwahl von Österreich? | Знате ли позивни број за Аустрију?<br>Znate li pozivni broj za Austriju? |
| Einen Augenblick, ich schau mal nach. | Моменат, погледаћу.<br>Momenat, pogledaću. |
| Die Leitung ist immer besetzt. | Линија је увек заузета.<br>Linija je uvek zauzeta. |
| Welche Nummer haben Sie gewählt? | Који сте број бирали?<br>Koji ste broj birali? |
| Sie müssen zuerst die Null wählen! | Морате прво бирати нулу!<br>Morate prvo birati nulu! |

60 [sechzig]

60 [шездесет]
60 [šezdeset]

# In der Bank

# У банци
U banci

| | |
|---|---|
| Ich möchte ein Konto eröffnen. | Ја желим отворити рачун.<br>Ja želim otvoriti račun. |
| Hier ist mein Pass. | Ово је мој пасош.<br>Ovo je moj pasoš. |
| Und hier ist meine Adresse. | А ово је моја адреса.<br>A ovo je moja adresa. |
| Ich möchte Geld auf mein Konto einzahlen. | Ја желим уплатити новац на мој рачун.<br>Ja želim uplatiti novac na moj račun. |
| Ich möchte Geld von meinem Konto abheben. | Ја желим подигнути новац са свог рачуна.<br>Ja želim podignuti novac sa svog računa. |
| Ich möchte die Kontoauszüge abholen. | Ја желим узети изводе са свог рачуна.<br>Ja želim uzeti izvode sa svog računa. |
| Ich möchte einen Reisescheck einlösen. | Ја желим уновчити путнички чек.<br>Ja želim unovčiti putnički ček. |
| Wie hoch sind die Gebühren? | Колики су трошкови?<br>Koliki su troškovi? |
| Wo muss ich unterschreiben? | Где морам потписати?<br>Gde moram potpisati? |

60 [sechzig]

In der Bank

60 [шездесет]
60 [šezdeset]

У банци
U banci

| | |
|---|---|
| Ich erwarte eine Überweisung aus Deutschland. | Ја очекујем дознаку из Немачке.<br>Ja očekujem doznaku iz Nemačke. |
| Hier ist meine Kontonummer. | Ово је мој број рачуна.<br>Ovo je moj broj računa. |
| Ist das Geld angekommen? | Да ли је новац стигао?<br>Da li je novac stigao? |
| Ich möchte dieses Geld wechseln. | Ја желим заменити тај новац.<br>Ja želim zameniti taj novac. |
| Ich brauche US-Dollar. | Ја требам америчке доларе.<br>Ja trebam američke dolare. |
| Bitte geben Sie mir kleine Scheine. | Молим Вас, дајте ми ситне новчанице.<br>Molim Vas, dajte mi sitne novčanice. |
| Gibt es hier einen Geldautomat? | Има ли овде банкомат?<br>Ima li ovde bankomat? |
| Wie viel Geld kann man abheben? | Колико новца се може подигнути?<br>Koliko novca se može podignuti? |
| Welche Kreditkarten kann man benutzen? | Које кредитне картице се могу користити?<br>Koje kreditne kartice se mogu koristiti? |

61 [einundsechzig]

61 [шездесет и један]
61 [šezdeset i jedan]

## Ordinalzahlen

## Редни бројеви
Redni brojevi

| | |
|---|---|
| Der erste Monat ist der Januar. | Први месец је јануар.<br>Prvi mesec je januar. |
| Der zweite Monat ist der Februar. | Други месец је фебруар.<br>Drugi mesec je februar. |
| Der dritte Monat ist der März. | Трећи месец је март.<br>Treći mesec je mart. |
| Der vierte Monat ist der April. | Четврти месец је април.<br>Četvrti mesec je april. |
| Der fünfte Monat ist der Mai. | Пети месец је мај.<br>Peti mesec je maj. |
| Der sechste Monat ist der Juni. | Шести месец је јуни.<br>Šesti mesec je juni. |
| Sechs Monate sind ein halbes Jahr. | Шест месеци је пола године.<br>Šest meseci je pola godine. |
| Januar, Februar, März, | Јануар, фебруар, март,<br>Januar, februar, mart, |
| April, Mai und Juni. | април, мај и јун.<br>april, maj i jun. |

61 [einundsechzig]

61 [шездесет и један]
61 [šezdeset i jedan]

## Ordinalzahlen

## Редни бројеви
Redni brojevi

Der siebte Monat ist der Juli.
Седми месец је јул.
Sedmi mesec je jul.

Der achte Monat ist der August.
Осми месец је август.
Osmi mesec je avgust.

Der neunte Monat ist der September.
Девети месец је септембар.
Deveti mesec je septembar.

Der zehnte Monat ist der Oktober.
Десети месец је октобар.
Deseti mesec je oktobar.

Der elfte Monat ist der November.
Једанаести месец је новембар.
Jedanaesti mesec je novembar.

Der zwölfte Monat ist der Dezember.
Дванаести месец је децембар.
Dvanaesti mesec je decembar.

Zwölf Monate sind ein Jahr.
Дванаест месеци је једна година.
Dvanaest meseci je jedna godina.

Juli, August, September,
Јули, август, септембар,
Juli, avgust, septembar,

Oktober, November und Dezember.
октобар, новембар и децембар.
oktobar, novembar i decembar.

62 [zweiundsechzig]

Fragen stellen 1

62 [шездесет и два]
62 [šezdeset i dva]

Постављати питања 1
Postavljati pitanja 1

| | |
|---|---|
| lernen | учити<br>učiti |
| Lernen die Schüler viel? | Уче ли ученици много?<br>Uče li učenici mnogo? |
| Nein, sie lernen wenig. | Не, они уче мало.<br>Ne, oni uče malo. |
| fragen | питати<br>pitati |
| Fragen Sie oft den Lehrer? | Питате ли често учитеља?<br>Pitate li često učitelja? |
| Nein, ich frage ihn nicht oft. | Не, не питам га често.<br>Ne, ne pitam ga često. |
| antworten | одговорити<br>odgovoriti |
| Antworten Sie, bitte. | Одговорите, молим.<br>Odgovorite, molim. |
| Ich antworte. | Ја одговарам.<br>Ja odgovaram. |

62 [zweiundsechzig]

Fragen stellen 1

62 [шездесет и два]
62 [šezdeset i dva]

Постављати питања 1
Postavljati pitanja 1

| | |
|---|---|
| arbeiten | радити<br>raditi |
| Arbeitet er gerade? | Ради ли он управо?<br>Radi li on upravo? |
| Ja, er arbeitet gerade. | Да, управо ради.<br>Da, upravo radi. |
| kommen | долазити<br>dolaziti |
| Kommen Sie? | Долазите ли Ви?<br>Dolazite li Vi? |
| Ja, wir kommen gleich. | Да, долазимо одмах.<br>Da, dolazimo odmah. |
| wohnen | становати<br>stanovati |
| Wohnen Sie in Berlin? | Станујете ли у Берлину?<br>Stanujete li u Berlinu? |
| Ja, ich wohne in Berlin. | Да, ја станујем у Берлину.<br>Da, ja stanujem u Berlinu. |

63 [dreiundsechzig]

Fragen stellen 2

63 [шездесет и три]
63 [šezdeset i tri]

Постављати питања 2
Postavljati pitanja 2

| | |
|---|---|
| Ich habe ein Hobby. | Ја имам хоби.<br>Ja imam hobi. |
| Ich spiele Tennis. | Ја играм тенис.<br>Ja igram tenis. |
| Wo ist ein Tennisplatz? | Где је тениски терен?<br>Gde je teniski teren? |
| Hast du ein Hobby? | Имаш ли ти хоби?<br>Imaš li ti hobi? |
| Ich spiele Fußball. | Ја играм фудбал.<br>Ja igram fudbal. |
| Wo ist ein Fußballplatz? | Где је фудбалски терен?<br>Gde je fudbalski teren? |
| Mein Arm tut weh. | Боли ме рука.<br>Boli me ruka. |
| Mein Fuß und meine Hand tun auch weh. | Нога и рука ме такође боле.<br>Noga i ruka me takođe bole. |
| Wo ist ein Doktor? | Где се налази доктор?<br>Gde se nalazi doktor? |

63 [dreiundsechzig]

Fragen stellen 2

63 [шездесет и три]
63 [šezdeset i tri]

Постављати питања 2
Postavljati pitanja 2

| | |
|---|---|
| Ich habe ein Auto. | Ја имам ауто.<br>Ja imam auto. |
| Ich habe auch ein Motorrad. | Ја имам і мотор.<br>Ja imam i motor. |
| Wo ist ein Parkplatz? | Где је паркинг?<br>Gde je parking? |
| Ich habe einen Pullover. | Ја имам џемпер.<br>Ja imam džemper. |
| Ich habe auch eine Jacke und eine Jeans. | Ја имам такође јакну и џинс панталоне.<br>Ja imam takođe jaknu i džins pantalone. |
| Wo ist die Waschmaschine? | Где је веш машина?<br>Gde je veš mašina? |
| Ich habe einen Teller. | Ја имам тањир.<br>Ja imam tanjir. |
| Ich habe ein Messer, eine Gabel und einen Löffel. | Ја имам нож, виљушку и кашику.<br>Ja imam nož, viljušku i kašiku. |
| Wo sind Salz und Pfeffer? | Где су со и бибер?<br>Gde su so i biber? |

64 [vierundsechzig]

64 [шездесет и четири]
64 [šezdeset i četiri]

## Verneinung 1

## Негација 1
Negacija 1

| | |
|---|---|
| Ich verstehe das Wort nicht. | Ја не разумем реч.<br>Ja ne razumem reč. |
| Ich verstehe den Satz nicht. | Ја не разумем реченицу.<br>Ja ne razumem rečenicu. |
| Ich verstehe die Bedeutung nicht. | Ја не разумем значење.<br>Ja ne razumem značenje. |
| der Lehrer | учитељ<br>učitelj |
| Verstehen Sie den Lehrer? | Разумете ли учитеља?<br>Razumete li učitelja? |
| Ja, ich verstehe ihn gut. | Да, добро га разумем.<br>Da, dobro ga razumem. |
| die Lehrerin | учитељица<br>učiteljica |
| Verstehen Sie die Lehrerin? | Разумете ли учитељицу?<br>Razumete li učiteljicu? |
| Ja, ich verstehe sie gut. | Да, добро је разумем.<br>Da, dobro je razumem. |

64 [vierundsechzig]

64 [шездесет и четири]
64 [šezdeset i četiri]

# Verneinung 1

# Негација 1
Negacija 1

| | |
|---|---|
| die Leute | људи<br>ljudi |
| Verstehen Sie die Leute? | Разумете ли људе?<br>Razumete li ljude? |
| Nein, ich verstehe sie nicht so gut. | Не, не разумем их тако добро.<br>Ne, ne razumem ih tako dobro. |
| die Freundin | пријатљица<br>prijatljica |
| Haben Sie eine Freundin? | Имате ли пријатељицу?<br>Imate li prijateljicu? |
| Ja, ich habe eine. | Да, имам.<br>Da, imam. |
| die Tochter | кћерка<br>kćerka |
| Haben Sie eine Tochter? | Имате ли кћерку?<br>Imate li kćerku? |
| Nein, ich habe keine. | Не, немам.<br>Ne, nemam. |

65 [fünfundsechzig]

# Verneinung 2

65 [шездесет и пет]
65 [šezdeset i pet]

# Негација 2
Negacija 2

| | |
|---|---|
| Ist der Ring teuer? | Да ли је прстен скуп?<br>Da li je prsten skup? |
| Nein, er kostet nur hundert Euro. | Не, он кошта само стотину евра.<br>Ne, on košta samo stotinu evra. |
| Aber ich habe nur fünfzig. | Али ја имам само педесет.<br>Ali ja imam samo pedeset. |
| Bist du schon fertig? | Јеси ли већ готов / готова?<br>Jesi li već gotov / gotova? |
| Nein, noch nicht. | Не, још не.<br>Ne, još ne. |
| Aber gleich bin ich fertig. | Али сам ускоро готов / готова.<br>Ali sam uskoro gotov / gotova. |
| Möchtest du noch Suppe? | Желиш ли још супе?<br>Želiš li još supe? |
| Nein, ich will keine mehr. | Не, не желим више.<br>Ne, ne želim više. |
| Aber noch ein Eis. | Али још један сладолед.<br>Ali još jedan sladoled. |

65 [fünfundsechzig]

Verneinung 2

65 [шездесет и пет]
65 [šezdeset i pet]

Негација 2
Negacija 2

| | |
|---|---|
| Wohnst du schon lange hier? | Станујеш ли већ дуго овде?<br>Stanuješ li već dugo ovde? |
| Nein, erst einen Monat. | Не, тек један месец.<br>Ne, tek jedan mesec. |
| Aber ich kenne schon viele Leute. | Али већ познајем много људи.<br>Ali već poznajem mnogo ljudi. |
| Fährst du morgen nach Hause? | Возиш ли се сутра кући?<br>Voziš li se sutra kući? |
| Nein, erst am Wochenende. | Не, тек за викенд.<br>Ne, tek za vikend. |
| Aber ich komme schon am Sonntag zurück. | Али се враћам већ у недељу.<br>Ali se vraćam već u nedelju. |
| Ist deine Tochter schon erwachsen? | Да ли је твоја ћерка већ одрасла?<br>Da li je tvoja ćerka već odrasla? |
| Nein, sie ist erst siebzehn. | Не, она има тек седамнаест година.<br>Ne, ona ima tek sedamnaest godina. |
| Aber sie hat schon einen Freund. | Али она већ има момка.<br>Ali ona već ima momka. |

66 [sechsundsechzig]

# Possessivpronomen 1

66 [шездесет и шест]
66 [šezdeset i šest]

# Присвојне заменице 1
Prisvojne zamenice 1

| | |
|---|---|
| ich – mein | ја – мој / svoj<br>ja – moj / svoj |
| Ich finde meinen Schlüssel nicht. | Ја не могу наћи мој / свој кључ.<br>Ja ne mogu naći moj / svoj ključ. |
| Ich finde meine Fahrkarte nicht. | Ја не могу наћи моју возну карту.<br>Ja ne mogu naći moju voznu kartu. |
| du – dein | ти – твој<br>ti – tvoj |
| Hast du deinen Schlüssel gefunden? | Јеси ли нашао свој / твој кључ?<br>Jesi li našao svoj / tvoj ključ? |
| Hast du deine Fahrkarte gefunden? | Јеси ли нашао своју / твоју возну карту?<br>Jesi li našao svoju / tvoju voznu kartu? |
| er – sein | он – његов<br>on – njegov |
| Weißt du, wo sein Schlüssel ist? | Знаш ли где је његов кључ?<br>Znaš li gde je njegov ključ? |
| Weißt du, wo seine Fahrkarte ist? | Знаш ли где је његова возна карта?<br>Znaš li gde je njegova vozna karta? |

66
[sechsundsechzig]

Possessivpronomen 1

66 [шездесет и шест]
66 [šezdeset i šest]

Присвојне заменице 1
Prisvojne zamenice 1

sie – ihr

она – њено
ona – njeno

Ihr Geld ist weg.

Њен новац је нестао.
NJen novac je nestao.

Und ihre Kreditkarte ist auch weg.

Њена кредитна картица је такође нестала.
NJena kreditna kartica je takođe nestala.

wir – unser

ми – наше
mi – naše

Unser Opa ist krank.

Наш деда је болестан.
Naš deda je bolestan.

Unsere Oma ist gesund.

Наша бака је здрава.
Naša baka je zdrava.

ihr – euer

ви – ваше
vi – vaše

Kinder, wo ist euer Vati?

Децо, где је ваш тата?
Deco, gde je vaš tata?

Kinder, wo ist eure Mutti?

Децо, где је ваша мама?
Deco, gde je vaša mama?

67 [siebenundsechzig]

# Possessivpronomen 2

67 [шездесет и седам]
67 [šezdeset i sedam]

# Присвојне заменице 2
Prisvojne zamenice 2

| | |
|---|---|
| die Brille | наочале<br>naočale |
| Er hat seine Brille vergessen. | Он је заборавио своје наочале.<br>On je zaboravio svoje naočale. |
| Wo hat er denn seine Brille? | Ма где су му наочале?<br>Ma gde su mu naočale? |
| die Uhr | сат<br>sat |
| Seine Uhr ist kaputt. | Његов сат је покварен.<br>NJegov sat je pokvaren. |
| Die Uhr hängt an der Wand. | Сат виси на зиду.<br>Sat visi na zidu. |
| der Pass | пасош<br>pasoš |
| Er hat seinen Pass verloren. | Он је изгубио свој пасош.<br>On je izgubio svoj pasoš. |
| Wo hat er denn seinen Pass? | Где је оставио свој пасош?<br>Gde je ostavio svoj pasoš? |

67
[siebenundsechzig]

Possessivpronomen 2

67 [шездесет и седам]
67 [šezdeset i sedam]

Присвојне заменице 2
Prisvojne zamenice 2

| | |
|---|---|
| sie – ihr | они – њихово<br>oni – njihovo |
| Die Kinder können ihre Eltern nicht finden. | Деца не могу наћи своје родитеље.<br>Deca ne mogu naći svoje roditelje. |
| Aber da kommen ja ihre Eltern! | Али ето долазе њихови родитељи!<br>Ali eto dolaze njihovi roditelji! |
| Sie – Ihr | Ви – Ваше<br>Vi – Vaše |
| Wie war Ihre Reise, Herr Müller? | Какво је било Ваше путовање, господине Милер?<br>Kakvo je bilo Vaše putovanje, gospodine Miler? |
| Wo ist Ihre Frau, Herr Müller? | Где је Ваша жена, господине Милер?<br>Gde je Vaša žena, gospodine Miler? |
| Sie – Ihr | Ви – Ваше<br>Vi – Vaše |
| Wie war Ihre Reise, Frau Schmidt? | Какво је било Ваше путовање, госпођо Шмидт?<br>Kakvo je bilo Vaše putovanje, gospođo Šmidt? |
| Wo ist Ihr Mann, Frau Schmidt? | Где је Ваш муж, госпођо Шмидт?<br>Gde je Vaš muž, gospođo Šmidt? |

68 [achtundsechzig]

groß – klein

68 [шездесет и осам]
68 [šezdeset i osam]

велико – мало
veliko – malo

groß und klein

велико и мало
veliko i malo

Der Elefant ist groß.

Слон је велик.
Slon je velik.

Die Maus ist klein.

Миш је мален.
Miš je malen.

dunkel und hell

тамно и светло
tamno i svetlo

Die Nacht ist dunkel.

Ноћ је тамна.
Noć je tamna.

Der Tag ist hell.

Дан је светао.
Dan je svetao.

alt und jung

старо и младо.
staro i mlado.

Unser Großvater ist sehr alt.

Наш деда је јако стар.
Naš deda je jako star.

Vor 70 Jahren war er noch jung.

Пре 70 година био је још млад.
Pre 70 godina bio je još mlad.

68 [achtundsechzig]

groß – klein

68 [шездесет и осам]
68 [šezdeset i osam]

велико – мало
veliko – malo

| | |
|---|---|
| schön und hässlich | лепо и ружно<br>lepo i ružno |
| Der Schmetterling ist schön. | Лептир је леп.<br>Leptir je lep. |
| Die Spinne ist hässlich. | Паук је ружан.<br>Pauk je ružan. |
| dick und dünn | дебело и мршаво<br>debelo i mršavo |
| Eine Frau mit 100 Kilo ist dick. | Жена од 100 кила је дебела.<br>Žena od 100 kila je debela. |
| Ein Mann mit 50 Kilo ist dünn. | Мушкарац од 50 кила је мршав.<br>Muškarac od 50 kila je mršav. |
| teuer und billig | скупо и јефтино<br>skupo i jeftino |
| Das Auto ist teuer. | Ауто је скупо.<br>Auto je skupo. |
| Die Zeitung ist billig. | Новине су јефтине.<br>Novine su jeftine. |

69
[neunundsechzig]

brauchen –
wollen

69 [шездесет и
девет]
69 [šezdeset i devet]

требати – хтети
trebati – hteti

| | |
|---|---|
| Ich brauche ein Bett. | Ја требам кревет.<br>Ja trebam krevet. |
| Ich will schlafen. | Ја хоћу спавати.<br>Ja hoću spavati. |
| Gibt es hier ein Bett? | Има ли овде кревет?<br>Ima li ovde krevet? |
| Ich brauche eine Lampe. | Ја требам лампу.<br>Ja trebam lampu. |
| Ich will lesen. | Ја хоћу читати.<br>Ja hoću čitati. |
| Gibt es hier eine Lampe? | Има ли овде лампа?<br>Ima li ovde lampa? |
| Ich brauche ein Telefon. | Ја требам телефон.<br>Ja trebam telefon. |
| Ich will telefonieren. | Ја желим телефонирати.<br>Ja želim telefonirati. |
| Gibt es hier ein Telefon? | Има ли овде телефон?<br>Ima li ovde telefon? |

69 [neunundsechzig]

brauchen – wollen

69 [шездесет и девет]
69 [šezdeset i devet]

требати – хтети
trebati – hteti

| | |
|---|---|
| Ich brauche eine Kamera. | Ја требам камеру.<br>Ja trebam kameru. |
| Ich will fotografieren. | Ја хоћу фотографисати.<br>Ja hoću fotografisati. |
| Gibt es hier eine Kamera? | Има ли овде камера?<br>Ima li ovde kamera? |
| Ich brauche einen Computer. | Ја требам компјутер.<br>Ja trebam kompjuter. |
| Ich will eine E-Mail schicken. | Ја хоћу да пошаљем е-маил.<br>Ja hoću da pošaljem e-mail. |
| Gibt es hier einen Computer? | Има ли овде компјутер?<br>Ima li ovde kompjuter? |
| Ich brauche einen Kuli. | Ја требам хемијску оловку.<br>Ja trebam hemijsku olovku. |
| Ich will etwas schreiben. | Ја хоћу да пишем нешто.<br>Ja hoću da pišem nešto. |
| Gibt es hier ein Blatt Papier und einen Kuli? | Има ли овде лист папира и хемијска оловка?<br>Ima li ovde list papira i hemijska olovka? |

70 [siebzig]

70 [седамдесет]
70 [sedamdeset]

## etwas mögen

## нешто желети
nešto želeti

| | |
|---|---|
| Möchten Sie rauchen? | Желите ли пушити?<br>Želite li pušiti? |
| Möchten Sie tanzen? | Желите ли плесати?<br>Želite li plesati? |
| Möchten Sie spazieren gehen? | Желите ли шетати?<br>Želite li šetati? |
| Ich möchte rauchen. | Ја желим пушити.<br>Ja želim pušiti. |
| Möchtest du eine Zigarette? | Желиш ли цигарету?<br>Želiš li cigaretu? |
| Er möchte Feuer. | Он жели ватре.<br>On želi vatre. |
| Ich möchte etwas trinken. | Ја желим нешто пити.<br>Ja želim nešto piti. |
| Ich möchte etwas essen. | Ја желим нешто јести.<br>Ja želim nešto jesti. |
| Ich möchte mich etwas ausruhen. | Ја се желим мало одморити.<br>Ja se želim malo odmoriti. |

70 [siebzig]

70 [седамдесет]
70 [sedamdeset]

etwas mögen

нешто желети
nešto željeti

| | |
|---|---|
| Ich möchte Sie etwas fragen. | Ја Вас желим нешто питати.<br>Ja Vas želim nešto pitati. |
| Ich möchte Sie um etwas bitten. | Ја Вас желим за нешто замолити.<br>Ja Vas želim za nešto zamoliti. |
| Ich möchte Sie zu etwas einladen. | Ја Вас желим на нешто позвати.<br>Ja Vas želim na nešto pozvati. |
| Was möchten Sie bitte? | Шта желите молим?<br>Šta želite molim? |
| Möchten Sie einen Kaffee? | Желите ли кафу?<br>Želite li kafu? |
| Oder möchten Sie lieber einen Tee? | Или радије желите чај?<br>Ili radije želite čaj? |
| Wir möchten nach Hause fahren. | Ми се желимо возити кући.<br>Mi se želimo voziti kući. |
| Möchtet ihr ein Taxi? | Желите ли ви такси?<br>Želite li vi taksi? |
| Sie möchten telefonieren. | Они желе телефонирати.<br>Oni žele telefonirati. |

71 [einundsiebzig]

71 [седамдесет и један]

71 [sedamdeset i jedan]

## etwas wollen

## нешто хтети

nešto hteti

| | |
|---|---|
| Was wollt ihr? | Шта хоћете ви?<br>Šta hoćete vi? |
| Wollt ihr Fußball spielen? | Хоћете ли ви играти фудбал?<br>Hoćete li vi igrati fudbal? |
| Wollt ihr Freunde besuchen? | Хоћете ли ви посетити пријатеље?<br>Hoćete li vi posetiti prijatelje? |
| wollen | Хтети<br>Hteti |
| Ich will nicht spät kommen. | Ја нећу стићи касно.<br>Ja neću stići kasno. |
| Ich will nicht hingehen. | Ја нећу да идем тамо.<br>Ja neću da idem tamo. |
| Ich will nach Hause gehen. | Ја хоћу да идем кући.<br>Ja hoću da idem kući. |
| Ich will zu Hause bleiben. | Ја хоћу да останем код куће.<br>Ja hoću da ostanem kod kuće. |
| Ich will allein sein. | Ја хоћу да будем сам / сама.<br>Ja hoću da budem sam / sama. |

71 [einundsiebzig]

etwas wollen

71 [седамдесет и један]
71 [sedamdeset i jedan]

нешто хтети
nešto hteti

| | |
|---|---|
| Willst du hier bleiben? | Хоћеш ли остати овде?<br>Hoćeš li ostati ovde? |
| Willst du hier essen? | Хоћеш ли овде јести?<br>Hoćeš li ovde jesti? |
| Willst du hier schlafen? | Хоћеш ли овде спавати?<br>Hoćeš li ovde spavati? |
| Wollen Sie morgen abfahren? | Хоћете ли сутра отпутовати?<br>Hoćete li sutra otputovati? |
| Wollen Sie bis morgen bleiben? | Хоћете ли остати до сутра?<br>Hoćete li ostati do sutra? |
| Wollen Sie die Rechnung erst morgen bezahlen? | Хоћете ли сутра платити рачун?<br>Hoćete li sutra platiti račun? |
| Wollt ihr in die Disko? | Хоћете ли у дискотеку?<br>Hoćete li u diskoteku? |
| Wollt ihr ins Kino? | Хоћете ли у биоскоп?<br>Hoćete li u bioskop? |
| Wollt ihr ins Café? | Хоћете ли у кафић?<br>Hoćete li u kafić? |

72 [zweiundsiebzig]

etwas müssen

72 [седамдесет и два]

72 [sedamdeset i dva]

нешто морати

nešto morati

| | |
|---|---|
| müssen | Морати<br>Morati |
| Ich muss den Brief verschicken. | Ја морам послати писмо.<br>Ja moram poslati pismo. |
| Ich muss das Hotel bezahlen. | Ја морам платити хотел.<br>Ja moram platiti hotel. |
| Du musst früh aufstehen. | Ти мораш рано устати.<br>Ti moraš rano ustati. |
| Du musst viel arbeiten. | Ти мораш пуно радити.<br>Ti moraš puno raditi. |
| Du musst pünktlich sein. | Ти мораш бити тачан / тачна.<br>Ti moraš biti tačan / tačna. |
| Er muss tanken. | Он мора напунити резервоар.<br>On mora napuniti rezervoar. |
| Er muss das Auto reparieren. | Он мора поправити ауто.<br>On mora popraviti auto. |
| Er muss das Auto waschen. | Он мора опрати ауто.<br>On mora oprati auto. |

72 [zweiundsiebzig]

etwas müssen

72 [седамдесет и два]
72 [sedamdeset i dva]

нешто морати
nešto morati

| | |
|---|---|
| Sie muss einkaufen. | Она мора куповати.<br>Ona mora kupovati. |
| Sie muss die Wohnung putzen. | Она мора чистити стан.<br>Ona mora čistiti stan. |
| Sie muss die Wäsche waschen. | Она мора прати веш.<br>Ona mora prati veš. |
| Wir müssen gleich zur Schule gehen. | Ми морамо одмах ићи у школу.<br>Mi moramo odmah ići u školu. |
| Wir müssen gleich zur Arbeit gehen. | Ми морамо одмах ићи на посао.<br>Mi moramo odmah ići na posao. |
| Wir müssen gleich zum Arzt gehen. | Ми морамо одмах ићи лекару.<br>Mi moramo odmah ići lekaru. |
| Ihr müsst auf den Bus warten. | Ви морате чекати аутобус.<br>Vi morate čekati autobus. |
| Ihr müsst auf den Zug warten. | Ви морате чекати воз.<br>Vi morate čekati voz. |
| Ihr müsst auf das Taxi warten. | Ви морате чекати такси.<br>Vi morate čekati taksi. |

73 [dreiundsiebzig]

73 [седамдесет и три]
73 [sedamdeset i tri]

## etwas dürfen

## нешто смети
nešto smeti

| | |
|---|---|
| Darfst du schon Auto fahren? | Смеш ли већ возити ауто?<br>Smeš li već voziti auto? |
| Darfst du schon Alkohol trinken? | Смеш ли већ пити алкохол?<br>Smeš li već piti alkohol? |
| Darfst du schon allein ins Ausland fahren? | Смеш ли већ сам ићи у иностранство?<br>Smeš li već sam ići u inostranstvo? |
| dürfen | Смети<br>Smeti |
| Dürfen wir hier rauchen? | Смемо ли овде пушити?<br>Smemo li ovde pušiti? |
| Darf man hier rauchen? | Сме ли се овде пушити?<br>Sme li se ovde pušiti? |
| Darf man mit Kreditkarte bezahlen? | Сме ли се овде платити кредитном картицом?<br>Sme li se ovde platiti kreditnom karticom? |
| Darf man mit Scheck bezahlen? | Сме ли се овде платити чеком?<br>Sme li se ovde platiti čekom? |
| Darf man nur bar bezahlen? | Сме ли се платити само готовином?<br>Sme li se platiti samo gotovinom? |

73 [dreiundsiebzig]

etwas dürfen

73 [седамдесет и три]

73 [sedamdeset i tri]

нешто смети

nešto smeti

| | |
|---|---|
| Darf ich mal eben telefonieren? | Смем ли телефонирати?<br>Smem li telefonirati? |
| Darf ich mal eben etwas fragen? | Смем ли нешто упитати?<br>Smem li nešto upitati? |
| Darf ich mal eben etwas sagen? | Смем ли сада нешто рећи?<br>Smem li sada nešto reći? |
| Er darf nicht im Park schlafen. | Он не сме спавати у парку.<br>On ne sme spavati u parku. |
| Er darf nicht im Auto schlafen. | Он не сме спавати у ауту.<br>On ne sme spavati u autu. |
| Er darf nicht im Bahnhof schlafen. | Он не сме спавати у железничкој станици.<br>On ne sme spavati u železničkoj stanici. |
| Dürfen wir Platz nehmen? | Смемо ли сести?<br>Smemo li sesti? |
| Dürfen wir die Speisekarte haben? | Смемо ли добити јеловник?<br>Smemo li dobiti jelovnik? |
| Dürfen wir getrennt zahlen? | Можемо ли платити одвојено?<br>Možemo li platiti odvojeno? |

74 [vierundsiebzig]

um etwas bitten

74 [седамдесет и четири]
74 [sedamdeset i četiri]

замолити за нешто
zamoliti za nešto

| | |
|---|---|
| Können Sie mir die Haare schneiden? | Можете ли ми ошишати косу?<br>Možete li mi ošišati kosu? |
| Nicht zu kurz, bitte. | Не прекратко, молим.<br>Ne prekratko, molim. |
| Etwas kürzer, bitte. | Мало краће, молим.<br>Malo kraće, molim. |
| Können Sie die Bilder entwickeln? | Можете ли развити слике?<br>Možete li razviti slike? |
| Die Fotos sind auf der CD. | Слике су на ЦД-у.<br>Slike su na CD-u. |
| Die Fotos sind in der Kamera. | Слике су у камери.<br>Slike su u kameri. |
| Können Sie die Uhr reparieren? | Можете ли поправити сат?<br>Možete li popraviti sat? |
| Das Glas ist kaputt. | Стакло је пукло.<br>Staklo je puklo. |
| Die Batterie ist leer. | Батерија је празна.<br>Baterija je prazna. |

74 [vierundsiebzig]

um etwas bitten

74 [седамдесет и четири]
74 [sedamdeset i četiri]

замолити за нешто
zamoliti za nešto

| | |
|---|---|
| Können Sie das Hemd bügeln? | Можете ли испеглати кошуљу?<br>Možete li ispeglati košulju? |
| Können Sie die Hose reinigen? | Можете ли очистити панталоне?<br>Možete li očistiti pantalone? |
| Können Sie die Schuhe reparieren? | Можете ли поправити ципеле?<br>Možete li popraviti cipele? |
| Können Sie mir Feuer geben? | Можете ли ми дати упаљач?<br>Možete li mi dati upaljač? |
| Haben Sie Streichhölzer oder ein Feuerzeug? | Имате ли шибице или упаљач?<br>Imate li šibice ili upaljač? |
| Haben Sie einen Aschenbecher? | Имате ли пепељару?<br>Imate li pepeljaru? |
| Rauchen Sie Zigarren? | Пушите ли цигаре?<br>Pušite li cigare? |
| Rauchen Sie Zigaretten? | Пушите ли цигарете?<br>Pušite li cigarete? |
| Rauchen Sie Pfeife? | Пушите ли лулу?<br>Pušite li lulu? |

75 [fünfundsiebzig]

etwas begründen 1

75 [седамдесет и пет]
75 [sedamdeset i pet]

нешто образложити 1
nešto obrazložiti 1

| | |
|---|---|
| Warum kommen Sie nicht? | Зашто не долазите?<br>Zašto ne dolazite? |
| Das Wetter ist so schlecht. | Време је тако лоше.<br>Vreme je tako loše. |
| Ich komme nicht, weil das Wetter so schlecht ist. | Ја не долазим, јер је време тако лоше.<br>Ja ne dolazim, jer je vreme tako loše. |
| Warum kommt er nicht? | Зашто он не долази?<br>Zašto on ne dolazi? |
| Er ist nicht eingeladen. | Он није позван.<br>On nije pozvan. |
| Er kommt nicht, weil er nicht eingeladen ist. | Он не долази, јер није позван.<br>On ne dolazi, jer nije pozvan. |
| Warum kommst du nicht? | Зашто не долазиш?<br>Zašto ne dolaziš? |
| Ich habe keine Zeit. | Ја немам времена.<br>Ja nemam vremena. |
| Ich komme nicht, weil ich keine Zeit habe. | Ја не долазим, јер немам времена.<br>Ja ne dolazim, jer nemam vremena. |

75 [fünfundsiebzig]

etwas begründen 1

75 [седамдесет и пет]
75 [sedamdeset i pet]

нешто образложити 1
nešto obrazložiti 1

| | |
|---|---|
| Warum bleibst du nicht? | Зашто не останеш?<br>Zašto ne ostaneš? |
| Ich muss noch arbeiten. | Ја морам још радити.<br>Ja moram još raditi. |
| Ich bleibe nicht, weil ich noch arbeiten muss. | Ја не остајем, јер морам још радити.<br>Ja ne ostajem, jer moram još raditi. |
| Warum gehen Sie schon? | Зашто већ идете?<br>Zašto već idete? |
| Ich bin müde. | Ја сам уморан / уморна.<br>Ja sam umoran / umorna. |
| Ich gehe, weil ich müde bin. | Ја идем, јер сам уморан / уморна.<br>Ja idem, jer sam umoran / umorna. |
| Warum fahren Sie schon? | Зашто већ одлазите?<br>Zašto već odlazite? |
| Es ist schon spät. | Већ је касно.<br>Već je kasno. |
| Ich fahre, weil es schon spät ist. | Одлазим, јер је већ касно.<br>Odlazim, jer je već kasno. |

76
[sechsundsiebzig]

etwas begründen 2

76 [седамдесет и шест]
76 [sedamdeset i šest]

нешто образложити 2
nešto obrazložiti 2

| | |
|---|---|
| Warum bist du nicht gekommen? | Зашто ниси дошао / дошла?<br>Zašto nisi došao / došla? |
| Ich war krank. | Био / Била сам болестан / болесна.<br>Bio / Bila sam bolestan / bolesna. |
| Ich bin nicht gekommen, weil ich krank war. | Ја нисам дошао / дошла, јер сам био болестан / била болесна.<br>Ja nisam došao / došla, jer sam bio bolestan / bila bolesna. |
| Warum ist sie nicht gekommen? | Зашто она није дошла?<br>Zašto ona nije došla? |
| Sie war müde. | Она је била уморна.<br>Ona je bila umorna. |
| Sie ist nicht gekommen, weil sie müde war. | Она није дошла, јер је била уморна.<br>Ona nije došla, jer je bila umorna. |
| Warum ist er nicht gekommen? | Зашто он није дошао?<br>Zašto on nije došao? |
| Er hatte keine Lust. | Он није био расположен.<br>On nije bio raspoložen. |
| Er ist nicht gekommen, weil er keine Lust hatte. | Он није дошао, јер није био расположен.<br>On nije došao, jer nije bio raspoložen. |

76
[sechsundsiebzig]

etwas begründen
2

76 [седамдесет и
шест]
76 [sedamdeset i šest]

нешто
образложити 2
nešto obrazložiti 2

| | |
|---|---|
| Warum seid ihr nicht gekommen? | Зашто ви нисте дошли?<br>Zašto vi niste došli? |
| Unser Auto ist kaputt. | Наш ауто је покварен.<br>Naš auto je pokvaren. |
| Wir sind nicht gekommen, weil unser Auto kaputt ist. | Ми нисмо дошли, јер је наш ауто покварен.<br>Mi nismo došli, jer je naš auto pokvaren. |
| Warum sind die Leute nicht gekommen? | Зашто људи нису дошли?<br>Zašto ljudi nisu došli? |
| Sie haben den Zug verpasst. | Пропустили су воз.<br>Propustili su voz. |
| Sie sind nicht gekommen, weil sie den Zug verpasst haben. | Они нису дошли, јер су пропустили воз.<br>Oni nisu došli, jer su propustili voz. |
| Warum bist du nicht gekommen? | Зашто ти ниси дошао / дошла?<br>Zašto ti nisi došao / došla? |
| Ich durfte nicht. | Ја нисам смео / смела.<br>Ja nisam smeo / smela. |
| Ich bin nicht gekommen, weil ich nicht durfte. | Ја нисам дошао / дошла, јер нисам смео / смела.<br>Ja nisam došao / došla, jer nisam smeo / smela. |

77 [siebenundsiebzig]

etwas begründen 3

77 [седамдесет и седам]

77 [sedamdeset i sedam]

нешто образложити 3

nešto obrazložiti 3

| | |
|---|---|
| Warum essen Sie die Torte nicht? | Зашто не једете торту?<br>Zašto ne jedete tortu? |
| Ich muss abnehmen. | Ја морам смршати.<br>Ja moram smršati. |
| Ich esse sie nicht, weil ich abnehmen muss. | Ја је не једем, јер морам смршати.<br>Ja je ne jedem, jer moram smršati. |
| Warum trinken Sie das Bier nicht? | Зашто не пијете пиво?<br>Zašto ne pijete pivo? |
| Ich muss noch fahren. | Ја морам још возити.<br>Ja moram još voziti. |
| Ich trinke es nicht, weil ich noch fahren muss. | Ја га не пијем, јер још морам возити.<br>Ja ga ne pijem, jer još moram voziti. |
| Warum trinkst du den Kaffee nicht? | Зашто не пијеш кафу?<br>Zašto ne piješ kafu? |
| Er ist kalt. | Хладна је.<br>Hladna je. |
| Ich trinke ihn nicht, weil er kalt ist. | Ја је не пијем, јер је хладна.<br>Ja je ne pijem, jer je hladna. |

77
[siebenundsiebzig]

etwas begründen
3

77 [седамдесет и
седам]
77 [sedamdeset i
sedam]

нешто
образложити 3
nešto obrazložiti 3

| | |
|---|---|
| Warum trinkst du den Tee nicht? | Зашто не пијеш чај?<br>Zašto ne piješ čaj? |
| Ich habe keinen Zucker. | Немам шећера.<br>Nemam šećera. |
| Ich trinke ihn nicht, weil ich keinen Zucker habe. | Ја га не пијем, јер немам шећера.<br>Ja ga ne pijem, jer nemam šećera. |
| Warum essen Sie die Suppe nicht? | Зашто не једете супу?<br>Zašto ne jedete supu? |
| Ich habe sie nicht bestellt. | Ја је нисам наручио / наручила.<br>Ja je nisam naručio / naručila. |
| Ich esse sie nicht, weil ich sie nicht bestellt habe. | Ја је не једем, јер је нисам наручио / наручила.<br>Ja je ne jedem, jer je nisam naručio / naručila. |
| Warum essen Sie das Fleisch nicht? | Зашто не једете месо?<br>Zašto ne jedete meso? |
| Ich bin Vegetarier. | Ја сам вегетеријанац.<br>Ja sam vegeterijanac. |
| Ich esse es nicht, weil ich Vegetarier bin. | Ја га не једем, јер сам вегетеријанац.<br>Ja ga ne jedem, jer sam vegeterijanac. |

78 [achtundsiebzig]

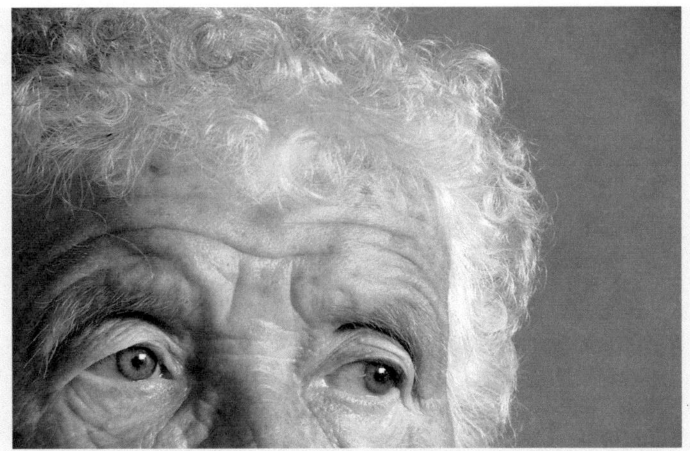

78 [седамдесет и осам]
78 [sedamdeset i osam]

# Adjektive 1

# Придеви 1
Pridevi 1

eine alte Frau — стара жена
stara žena

eine dicke Frau — дебела жена
debela žena

eine neugierige Frau — радознала жена
radoznala žena

ein neuer Wagen — ново ауто
novo auto

ein schneller Wagen — брзо ауто
brzo auto

ein bequemer Wagen — удобно ауто
udobno auto

ein blaues Kleid — плава хаљина
plava haljina

ein rotes Kleid — црвена хаљина
crvena haljina

ein grünes Kleid — зелена хаљина
zelena haljina

78 [achtundsiebzig]

Adjektive 1

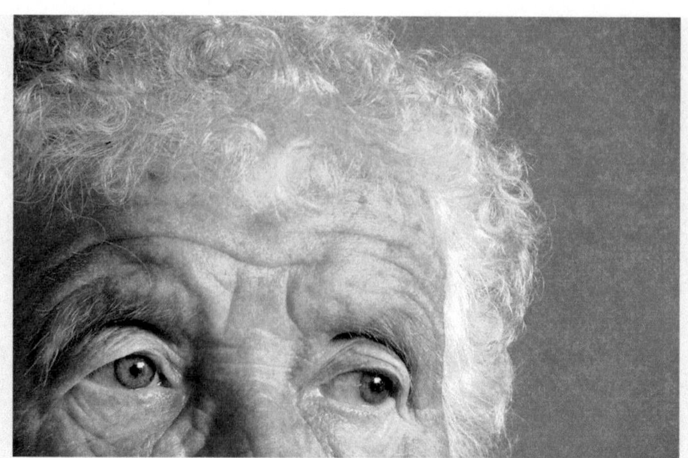

78 [седамдесет и осам]

78 [sedamdeset i osam]

Придеви 1

Pridevi 1

| | |
|---|---|
| eine schwarze Tasche | црна торба<br>crna torba |
| eine braune Tasche | смеђа торба<br>smeđa torba |
| eine weiße Tasche | бела торба<br>bela torba |
| nette Leute | драги људи<br>dragi ljudi |
| höfliche Leute | културни људи<br>kulturni ljudi |
| interessante Leute | интересантни људи<br>interesantni ljudi |
| liebe Kinder | драга деца<br>draga deca |
| freche Kinder | безобразна деца<br>bezobrazna deca |
| brave Kinder | добра деца<br>dobra deca |

79 [neunundsiebzig]

Adjektive 2

79 [седамдесет и девет]
79 [sedamdeset i devet]

Придеви 2
Pridevi 2

| | |
|---|---|
| Ich habe ein blaues Kleid an. | Ја имам на себи плаву хаљину.<br>Ja imam na sebi plavu haljinu. |
| Ich habe ein rotes Kleid an. | Ја имам на себи црвену хаљину.<br>Ja imam na sebi crvenu haljinu. |
| Ich habe ein grünes Kleid an. | Ја имам на себи зелену хаљину.<br>Ja imam na sebi zelenu haljinu. |
| Ich kaufe eine schwarze Tasche. | Ја купујем црну торбу.<br>Ja kupujem crnu torbu. |
| Ich kaufe eine braune Tasche. | Ја купујем смеђу торбу.<br>Ja kupujem smeđu torbu. |
| Ich kaufe eine weiße Tasche. | Ја купујем белу торбу.<br>Ja kupujem belu torbu. |
| Ich brauche einen neuen Wagen. | Ја требам ново ауто.<br>Ja trebam novo auto. |
| Ich brauche einen schnellen Wagen. | Ја требам брзо ауто.<br>Ja trebam brzo auto. |
| Ich brauche einen bequemen Wagen. | Ја требам удобан ауто.<br>Ja trebam udoban auto. |

79 [neunundsiebzig]

Adjektive 2

79 [седамдесет и девет]
79 [sedamdeset i devet]

Придеви 2
Pridevi 2

Da oben wohnt eine alte Frau.
Тамо горе станује једна стара жена.
Tamo gore stanuje jedna stara žena.

Da oben wohnt eine dicke Frau.
Тамо горе станује једна дебела жена.
Tamo gore stanuje jedna debela žena.

Da unten wohnt eine neugierige Frau.
Тамо доле станује једна радознала жена.
Tamo dole stanuje jedna radoznala žena.

Unsere Gäste waren nette Leute.
Наши гости су били драги људи.
Naši gosti su bili dragi ljudi.

Unsere Gäste waren höfliche Leute.
Наши гости су били културни људи.
Naši gosti su bili kulturni ljudi.

Unsere Gäste waren interessante Leute.
Наши гости су били интересантни људи.
Naši gosti su bili interesantni ljudi.

Ich habe liebe Kinder.
Ја имам драгу децу.
Ja imam dragu decu.

Aber die Nachbarn haben freche Kinder.
Али комшије имају безобразну децу.
Ali komšije imaju bezobraznu decu.

Sind Ihre Kinder brav?
Јесу ли Ваша деца добра?
Jesu li Vaša deca dobra?

80 [achtzig]

80 [осамдесет]
80 [osamdeset]

# Adjektive 3

# Придеви 3
Pridevi 3

| | |
|---|---|
| Sie hat einen Hund. | Она има пса.<br>Ona ima psa. |
| Der Hund ist groß. | Пас је велик.<br>Pas je velik. |
| Sie hat einen großen Hund. | Она има великог пса.<br>Ona ima velikog psa. |
| Sie hat ein Haus. | Она има кућу.<br>Ona ima kuću. |
| Das Haus ist klein. | Кућа је мала.<br>Kuća je mala. |
| Sie hat ein kleines Haus. | Она има малу кућу.<br>Ona ima malu kuću. |
| Er wohnt in einem Hotel. | Он станује у хотелу.<br>On stanuje u hotelu. |
| Das Hotel ist billig. | Хотел је јефтин.<br>Hotel je jeftin. |
| Er wohnt in einem billigen Hotel. | Он станује у јефтином хотелу.<br>On stanuje u jeftinom hotelu. |

80 [achtzig]

80 [осамдесет]
80 [osamdeset]

# Adjektive 3

# Придеви 3
Pridevi 3

| | |
|---|---|
| Er hat ein Auto. | Он има ауто.<br>On ima auto. |
| Das Auto ist teuer. | Ауто је скупо.<br>Auto je skupo. |
| Er hat ein teures Auto. | Он има скупо ауто.<br>On ima skupo auto. |
| Er liest einen Roman. | Он чита роман.<br>On čita roman. |
| Der Roman ist langweilig. | Роман је досадан.<br>Roman je dosadan. |
| Er liest einen langweiligen Roman. | Он чита досадан роман.<br>On čita dosadan roman. |
| Sie sieht einen Film. | Она гледа филм.<br>Ona gleda film. |
| Der Film ist spannend. | Филм је узбудљив.<br>Film je uzbudljiv. |
| Sie sieht einen spannenden Film. | Она гледа узбудљив филм.<br>Ona gleda uzbudljiv film. |

81 [einundachtzig]

Vergangenheit 1

81 [осамдесет и један]
81 [osamdeset i jedan]

Прошлост 1
Prošlost 1

| | |
|---|---|
| schreiben | Писати<br>Pisati |
| Er schrieb einen Brief. | Он је написао писмо.<br>On je napisao pismo. |
| Und sie schrieb eine Karte. | А она је написала разгледницу.<br>A ona je napisala razglednicu. |
| lesen | Читати<br>Čitati |
| Er las eine Illustrierte. | Он је читао илустровани часопис.<br>On je čitao ilustrovani časopis. |
| Und sie las ein Buch. | А она је читала књигу.<br>A ona je čitala knjigu. |
| nehmen | Узети<br>Uzeti |
| Er nahm eine Zigarette. | Он је узео цигарету.<br>On je uzeo cigaretu. |
| Sie nahm ein Stück Schokolade. | Она је узела комад чоколаде.<br>Ona je uzela komad čokolade. |

81 [einundachtzig]

Vergangenheit 1

81 [осамдесет и један]
81 [osamdeset i jedan]

Прошлост 1
Prošlost 1

| | |
|---|---|
| Er war untreu, aber sie war treu. | Он је био неверан, али је она била верна.<br>On je bio neveran, ali je ona bila verna. |
| Er war faul, aber sie war fleißig. | Он је био лењ, али је она била вредна.<br>On je bio lenj, ali je ona bila vredna. |
| Er war arm, aber sie war reich. | Он је био сиромашан, али је она била богата.<br>On je bio siromašan, ali je ona bila bogata. |
| Er hatte kein Geld, sondern Schulden. | Он није имао новца, већ дугове.<br>On nije imao novca, već dugove. |
| Er hatte kein Glück, sondern Pech. | Он није имао среће, већ пех.<br>On nije imao sreće, već peh. |
| Er hatte keinen Erfolg, sondern Misserfolg. | Он није имао успех, већ неуспех.<br>On nije imao uspeh, već neuspeh. |
| Er war nicht zufrieden, sondern unzufrieden. | Он није био задовољан, већ незадовољан.<br>On nije bio zadovoljan, već nezadovoljan. |
| Er war nicht glücklich, sondern unglücklich. | Он није био срећан, већ несрећан.<br>On nije bio srećan, već nesrećan. |
| Er war nicht sympathisch, sondern unsympathisch. | Он није био симпатичан, већ антипатичан.<br>On nije bio simpatičan, već antipatičan. |

82 [zweiundachtzig]

82 [осамдесет и два]
82 [osamdeset i dva]

# Vergangenheit 2

# Прошлост 2
Prošlost 2

| | |
|---|---|
| Musstest du einen Krankenwagen rufen? | Јеси ли морао / морала звати хитну помоћ?<br>Jesi li morao / morala zvati hitnu pomoć? |
| Musstest du den Arzt rufen? | Јеси ли морао / морала звати доктора?<br>Jesi li morao / morala zvati doktora? |
| Musstest du die Polizei rufen? | Јеси ли морао / морала звати полицију?<br>Jesi li morao / morala zvati policiju? |
| Haben Sie die Telefonnummer? Gerade hatte ich sie noch. | Имате ли број телефона? Управо сам га имао / имала.<br>Imate li broj telefona? Upravo sam ga imao / imala. |
| Haben Sie die Adresse? Gerade hatte ich sie noch. | Имате ли адресу? Управо сам је имао / имала.<br>Imate li adresu? Upravo sam je imao / imala. |
| Haben Sie den Stadtplan? Gerade hatte ich ihn noch. | Имате ли план града? Управо сам га имао / имала.<br>Imate li plan grada? Upravo sam ga imao / imala. |
| Kam er pünktlich? Er konnte nicht pünktlich kommen. | Да ли је дошао на време? Он није могао доћи на време.<br>Da li je došao na vreme? On nije mogao doći na vreme. |
| Fand er den Weg? Er konnte den Weg nicht finden. | Је ли пронашао пут? Он није могао пронаћи пут.<br>Je li pronašao put? On nije mogao pronaći put. |
| Verstand er dich? Er konnte mich nicht verstehen. | Да ли те је он разумео? Он ме није могао разумети.<br>Da li te je on razumeo? On me nije mogao razumeti. |

82 [zweiundachtzig]

82 [осамдесет и два]
82 [osamdeset i dva]

# Vergangenheit 2

# Прошлост 2
Prošlost 2

| | |
|---|---|
| Warum konntest du nicht pünktlich kommen? | Зашто ниси могао / могла доћи на време?<br>Zašto nisi mogao / mogla doći na vreme? |
| Warum konntest du den Weg nicht finden? | Зашто ниси могао / могла пронаћи пут?<br>Zašto nisi mogao / mogla pronaći put? |
| Warum konntest du ihn nicht verstehen? | Зашто га ниси могао / могла разумети?<br>Zašto ga nisi mogao / mogla razumeti? |
| Ich konnte nicht pünktlich kommen, weil kein Bus fuhr. | Ја нисам могао / могла доћи на време, јер није било аутобуса.<br>Ja nisam mogao / mogla doći na vreme, jer nije bilo autobusa. |
| Ich konnte den Weg nicht finden, weil ich keinen Stadtplan hatte. | Ја нисам могао / могла пронаћи пут, јер нисам имао / имала план града.<br>Ja nisam mogao / mogla pronaći put, jer nisam imao / imala plan grada. |
| Ich konnte ihn nicht verstehen, weil die Musik so laut war. | Ја га нисам могао / могла разумети, јер је музика била прегласна.<br>Ja ga nisam mogao / mogla razumeti, jer je muzika bila preglasna. |
| Ich musste ein Taxi nehmen. | Ја сам морао / морала узети такси.<br>Ja sam morao / morala uzeti taksi. |
| Ich musste einen Stadtplan kaufen. | Ја сам морао / морала купити план града.<br>Ja sam morao / morala kupiti plan grada. |
| Ich musste das Radio ausschalten. | Ја сам морао / морала искључити радио.<br>Ja sam morao / morala isključiti radio. |

83 [dreiundachtzig]

83 [осамдесет и три]
83 [osamdeset i tri]

## Vergangenheit 3

## Прошлост 3
Prošlost 3

| | |
|---|---|
| telefonieren | телефонирати<br>telefonirati |
| Ich habe telefoniert. | Ја сам телефонирао / телефонирала.<br>Ja sam telefonirao / telefonirala. |
| Ich habe die ganze Zeit telefoniert. | Ја сам цело време телефонирао / телефонирала.<br>Ja sam celo vreme telefonirao / telefonirala. |
| fragen | питати<br>pitati |
| Ich habe gefragt. | Ја сам питао / питала.<br>Ja sam pitao / pitala. |
| Ich habe immer gefragt. | Ја сам увек питао / питала.<br>Ja sam uvek pitao / pitala. |
| erzählen | испричати<br>ispričati |
| Ich habe erzählt. | Ја сам испричао / испричала.<br>Ja sam ispričao / ispričala. |
| Ich habe die ganze Geschichte erzählt. | Ја сам испричао / испричала целу причу.<br>Ja sam ispričao / ispričala celu priču. |

83 [dreiundachtzig]

Vergangenheit 3

83 [осамдесет и три]
83 [osamdeset i tri]

Прошлост 3
Prošlost 3

| | |
|---|---|
| lernen | учити<br>učiti |
| Ich habe gelernt. | Ја сам учио / учила.<br>Ja sam učio / učila. |
| Ich habe den ganzen Abend gelernt. | Ја сам учио / учила цело вече.<br>Ja sam učio / učila celo veče. |
| arbeiten | радити<br>raditi |
| Ich habe gearbeitet. | Ја сам радио / радила.<br>Ja sam radio / radila. |
| Ich habe den ganzen Tag gearbeitet. | Ја сам радио / радила цели дан.<br>Ja sam radio / radila celi dan. |
| essen | јести<br>jesti |
| Ich habe gegessen. | Ја сам јео / јела.<br>Ja sam jeo / jela. |
| Ich habe das ganze Essen gegessen. | Ја сам појео / појела сву храну.<br>Ja sam pojeo / pojela svu hranu. |

84 [vierundachtzig]

84 [осамдесет и четири]
84 [osamdeset i četiri]

# Vergangenheit 4

# Прошлост 4
Prošlost 4

| | |
|---|---|
| lesen | читати<br>čitati |
| Ich habe gelesen. | Ја сам читао / читала.<br>Ja sam čitao / čitala. |
| Ich habe den ganzen Roman gelesen. | Ја сам прочитао / прочитала цео роман.<br>Ja sam pročitao / pročitala ceo roman. |
| verstehen | разумети<br>razumeti |
| Ich habe verstanden. | Ја сам разумео / разумела.<br>Ja sam razumeo / razumela. |
| Ich habe den ganzen Text verstanden. | Ја сам разумео / разумела цео текст.<br>Ja sam razumeo / razumela ceo tekst. |
| antworten | одговорити<br>odgovoriti |
| Ich habe geantwortet. | Ја сам одговорио / одговорила.<br>Ja sam odgovorio / odgovorila. |
| Ich habe auf alle Fragen geantwortet. | Ја сам одговорио / одговорила на сва питања.<br>Ja sam odgovorio / odgovorila na sva pitanja. |

84 [vierundachtzig]

Vergangenheit 4

84 [осамдесет и четири]
84 [osamdeset i četiri]

Прошлост 4
Prošlost 4

| | |
|---|---|
| Ich weiß das – ich habe das gewusst. | Ја то знам – ја сам то знао / знала.<br>Ja to znam – ja sam to znao / znala. |
| Ich schreibe das – ich habe das geschrieben. | Ја пишем то – ја сам то писао / писала.<br>Ja pišem to – ja sam to pisao / pisala. |
| Ich höre das – ich habe das gehört. | Ја чујем то – ја сам то чуо / чула.<br>Ja čujem to – ja sam to čuo / čula. |
| Ich hole das – ich habe das geholt. | Ја узимам то – ја сам то узео / узела.<br>Ja uzimam to – ja sam to uzeo / uzela. |
| Ich bringe das – ich habe das gebracht. | Ја доносим то – ја сам то донео / донела.<br>Ja donosim to – ja sam to doneo / donela. |
| Ich kaufe das – ich habe das gekauft. | Ја купујем то – ја сам то купио / купила.<br>Ja kupujem to – ja sam to kupio / kupila. |
| Ich erwarte das – ich habe das erwartet. | Ја очекујем то – ја сам то очекивао / очекивала.<br>Ja očekujem to – ja sam to očekivao / očekivala. |
| Ich erkläre das – ich habe das erklärt. | Ја објашњавам то – ја сам то објаснио / објаснила.<br>Ja objašnjavam to – ja sam to objasnio / objasnila. |
| Ich kenne das – ich habe das gekannt. | Ја познајем то – ја сам то познавао / познавала.<br>Ja poznajem to – ja sam to poznavao / poznavala. |

85 [fünfundachtzig]

# Fragen – Vergangenheit 1

85 [осамдесет и пет]
85 [osamdeset i pet]

# Питати – прошлост 1
Pitati – prošlost 1

| | |
|---|---|
| Wie viel haben Sie getrunken? | Колико сте попили?<br>Koliko ste popili? |
| Wie viel haben Sie gearbeitet? | Колико сте радили?<br>Koliko ste radili? |
| Wie viel haben Sie geschrieben? | Колико сте писали?<br>Koliko ste pisali? |
| Wie haben Sie geschlafen? | Како сте спавали?<br>Kako ste spavali? |
| Wie haben Sie die Prüfung bestanden? | Како сте положили испит?<br>Kako ste položili ispit? |
| Wie haben Sie den Weg gefunden? | Како сте пронашли пут?<br>Kako ste pronašli put? |
| Mit wem haben Sie gesprochen? | С киме сте разговарали?<br>S kime ste razgovarali? |
| Mit wem haben Sie sich verabredet? | Са киме сте договорили састанак?<br>Sa kime ste dogovorili sastanak? |
| Mit wem haben Sie Geburtstag gefeiert? | Са киме сте славили рођендан?<br>Sa kime ste slavili rođendan? |

85 [fünfundachtzig]

Fragen – Vergangenheit 1

85 [осамдесет и пет]
85 [osamdeset i pet]

Питати – прошлост 1
Pitati – prošlost 1

| | |
|---|---|
| Wo sind Sie gewesen? | Где сте били?<br>Gde ste bili? |
| Wo haben Sie gewohnt? | Где сте становали?<br>Gde ste stanovali? |
| Wo haben Sie gearbeitet? | Где сте радили?<br>Gde ste radili? |
| Was haben Sie empfohlen? | Шта сте препоручили?<br>Šta ste preporučili? |
| Was haben Sie gegessen? | Шта сте јели?<br>Šta ste jeli? |
| Was haben Sie erfahren? | Шта сте сазнали?<br>Šta ste saznali? |
| Wie schnell sind Sie gefahren? | Колико сте брзо возили?<br>Koliko ste brzo vozili? |
| Wie lange sind Sie geflogen? | Колико сте дуго летели?<br>Koliko ste dugo leteli? |
| Wie hoch sind Sie gesprungen? | Колико сте високо скочили?<br>Koliko ste visoko skočili? |

86
[sechsundachtzig]

# Fragen – Vergangenheit 2

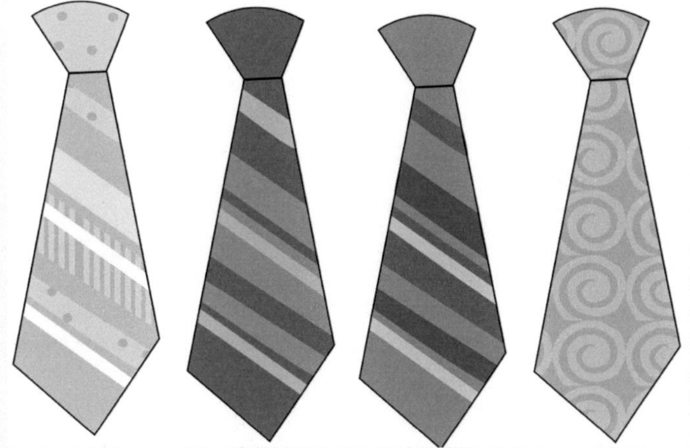

86 [осамдесет и шест]
86 [osamdeset i šest]

# Питати – прошлост 2
Pitati – prošlost 2

| | |
|---|---|
| Welche Krawatte hast du getragen? | Коју кравату си носио / носила?<br>Koju kravatu si nosio / nosila? |
| Welches Auto hast du gekauft? | Који ауто си купио / купила?<br>Koji auto si kupio / kupila? |
| Welche Zeitung hast du abonniert? | На које новине си претплаћен / претплаћена?<br>Na koje novine si pretplaćen / pretplaćena? |
| | |
| Wen haben Sie gesehen? | Кога сте видели?<br>Koga ste videli? |
| Wen haben Sie getroffen? | Кога сте срели?<br>Koga ste sreli? |
| Wen haben Sie erkannt? | Кога сте препознали?<br>Koga ste prepoznali? |
| | |
| Wann sind Sie aufgestanden? | Када сте устали?<br>Kada ste ustali? |
| Wann haben Sie begonnen? | Када сте почели?<br>Kada ste počeli? |
| Wann haben Sie aufgehört? | Када сте престали?<br>Kada ste prestali? |

86 [sechsundachtzig]

# Fragen – Vergangenheit 2

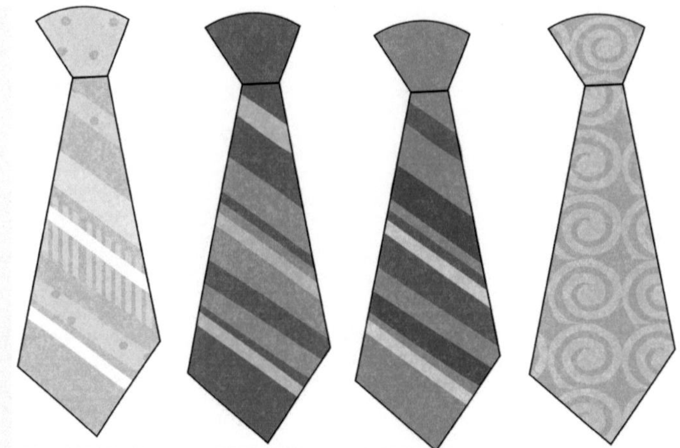

86 [осамдесет и шест]
86 [osamdeset i šest]

# Питати – прошлост 2
Pitati – prošlost 2

| | |
|---|---|
| Warum sind Sie aufgewacht? | Зашто сте се пробудили?<br>Zašto ste se probudili? |
| Warum sind Sie Lehrer geworden? | Зашто сте постали учитељ?<br>Zašto ste postali učitelj? |
| Warum haben Sie ein Taxi genommen? | Зашто сте узели такси?<br>Zašto ste uzeli taksi? |
| Woher sind Sie gekommen? | Одакле сте дошли?<br>Odakle ste došli? |
| Wohin sind Sie gegangen? | Где сте ишли?<br>Gde ste išli? |
| Wo sind Sie gewesen? | Где сте били?<br>Gde ste bili? |
| Wem hast du geholfen? | Коме си помогао / помогла?<br>Kome si pomogao / pomogla? |
| Wem hast du geschrieben? | Коме си писао / писала?<br>Kome si pisao / pisala? |
| Wem hast du geantwortet? | Коме си одговорио / одговорила?<br>Kome si odgovorio / odgovorila? |

87 [siebenundachtzig]

# Vergangenheit der Modalverben 1

87 [осамдесет и седам]

87 [osamdeset i sedam]

# Прошлост модалних глагола 1

Prošlost modalnih glagola 1

| | |
|---|---|
| Wir mussten die Blumen gießen. | Ми морасмо залити цвеће.<br>Mi morasmo zaliti cveće. |
| Wir mussten die Wohnung aufräumen. | Ми морасмо поспремити стан.<br>Mi morasmo pospremiti stan. |
| Wir mussten das Geschirr spülen. | Ми морасмо опрати посуђе.<br>Mi morasmo oprati posuđe. |
| Musstet ihr die Rechnung bezahlen? | Мoрасте ли ви платити рачун?<br>Moraste li vi platiti račun? |
| Musstet ihr Eintritt bezahlen? | Морасте ли ви платити улаз?<br>Moraste li vi platiti ulaz? |
| Musstet ihr eine Strafe bezahlen? | Морасте ли ви платити казну?<br>Moraste li vi platiti kaznu? |
| Wer musste sich verabschieden? | Ко се мораше опростити?<br>Ko se moraše oprostiti? |
| Wer musste früh nach Hause gehen? | Ко мораше ићи раније кући?<br>Ko moraše ići ranije kući? |
| Wer musste den Zug nehmen? | Ко мораше узети воз?<br>Ko moraše uzeti voz? |

87 [siebenundachtzig]

# Vergangenheit der Modalverben 1

87 [осамдесет и седам]

87 [osamdeset i sedam]

# Прошлост модалних глагола 1

Prošlost modalnih glagola 1

| | |
|---|---|
| Wir wollten nicht lange bleiben. | Ми не хтедосмо остати дуго.<br>Mi ne htedosmo ostati dugo. |
| Wir wollten nichts trinken. | Ми не хтедосмо ништа пити.<br>Mi ne htedosmo ništa piti. |
| Wir wollten nicht stören. | Ми не хтедосмо сметати.<br>Mi ne htedosmo smetati. |
| Ich wollte eben telefonieren. | Ја хтедох управо телефонирати.<br>Ja htedoh upravo telefonirati. |
| Ich wollte ein Taxi bestellen. | Ја хтедох управо позвати такси.<br>Ja htedoh upravo pozvati taksi. |
| Ich wollte nämlich nach Haus fahren. | Ја хтедох наиме ићи кући.<br>Ja htedoh naime ići kući. |
| Ich dachte, du wolltest deine Frau anrufen. | Ја помислих, ти хтеде позвати своју жену.<br>Ja pomislih, ti htede pozvati svoju ženu. |
| Ich dachte, du wolltest die Auskunft anrufen. | Ја помислих, ти хтеде позвати информације.<br>Ja pomislih, ti htede pozvati informacije. |
| Ich dachte, du wolltest eine Pizza bestellen. | Ја помислих, ти хтеде наручити пицу.<br>Ja pomislih, ti htede naručiti picu. |

88 [achtundachtzig]

# Vergangenheit der Modalverben 2

88 [осамдесет и осам]
88 [osamdeset i osam]

# Прошлост модалних глагола 2
Prošlost modalnih glagola 2

| | |
|---|---|
| Mein Sohn wollte nicht mit der Puppe spielen. | Мој син не хтеде се играти са лутком.<br>Moj sin ne htede se igrati sa lutkom. |
| Meine Tochter wollte nicht Fußball spielen. | Моја ћерка не хтеде играти фудбал.<br>Moja ćerka ne htede igrati fudbal. |
| Meine Frau wollte nicht mit mir Schach spielen. | Моја жена не хтеде играти шах са мном.<br>Moja žena ne htede igrati šah sa mnom. |
| Meine Kinder wollten keinen Spaziergang machen. | Моја деца не хтедоше ићи у шетњу.<br>Moja deca ne htedoše ići u šetnju. |
| Sie wollten nicht das Zimmer aufräumen. | Они не хтедоше поспремити собу.<br>Oni ne htedoše pospremiti sobu. |
| Sie wollten nicht ins Bett gehen. | Они не хтедоше ићи у кревет.<br>Oni ne htedoše ići u krevet. |
| Er durfte kein Eis essen. | Он не смеде јести сладолед.<br>On ne smede jesti sladoled. |
| Er durfte keine Schokolade essen. | Он не смеде јести чоколаду.<br>On ne smede jesti čokoladu. |
| Er durfte keine Bonbons essen. | Он не смеде јести бомбоне.<br>On ne smede jesti bombone. |

88 [achtundachtzig]

Vergangenheit der Modalverben 2

88 [осамдесет и осам]
88 [osamdeset i osam]

Прошлост модалних глагола 2
Prošlost modalnih glagola 2

| | |
|---|---|
| Ich durfte mir etwas wünschen. | Ја смедох нешто зажелети.<br>Ja smedoh nešto zaželeti. |
| Ich durfte mir ein Kleid kaufen. | Ја смедох купити себи хаљину.<br>Ja smedoh kupiti sebi haljinu. |
| Ich durfte mir eine Praline nehmen. | Ја смедох узети себи једну пралину.<br>Ja smedoh uzeti sebi jednu pralinu. |
| Durftest du im Flugzeug rauchen? | Смеде ли ти пушити у авиону?<br>Smede li ti pušiti u avionu? |
| Durftest du im Krankenhaus Bier trinken? | Смеде ли ти пити пиво у болници?<br>Smede li ti piti pivo u bolnici? |
| Durftest du den Hund ins Hotel mitnehmen? | Смеде ли ти повести пса у хотел?<br>Smede li ti povesti psa u hotel? |
| In den Ferien durften die Kinder lange draußen bleiben. | На распусту деца смедоше остати дуже вани.<br>Na raspustu deca smedoše ostati duže vani. |
| Sie durften lange im Hof spielen. | Они смедоше дуго се играти у дворишту.<br>Oni smedoše dugo se igrati u dvorištu. |
| Sie durften lange aufbleiben. | Они смедоше дуго остати будни.<br>Oni smedoše dugo ostati budni. |

89 [neunundachtzig]

89 [осамдесет и девет]

89 [osamdeset i devet]

# Imperativ 1

# Императив 1

Imperativ 1

| | |
|---|---|
| Du bist so faul – sei doch nicht so faul! | Ти си лењ / лења – не буди тако лењ / лења!<br>Ti si lenj / lenja – ne budi tako lenj / lenja! |
| Du schläfst so lang – schlaf doch nicht so lang! | Ти спаваш тако дуго – не спавај тако дуго!<br>Ti spavaš tako dugo – ne spavaj tako dugo! |
| Du kommst so spät – komm doch nicht so spät! | Ти долазиш тако касно – не долази тако касно!<br>Ti dolaziš tako kasno – ne dolazi tako kasno! |
| Du lachst so laut – lach doch nicht so laut! | Ти се смејеш тако гласно – не смеј се тако гласно!<br>Ti se smeješ tako glasno – ne smej se tako glasno! |
| Du sprichst so leise – sprich doch nicht so leise! | Ти говориш тако тихо – не говори тако тихо<br>Ti govoriš tako tiho – ne govori tako tiho! |
| Du trinkst zu viel – trink doch nicht so viel! | Ти пијеш превише – не пиј превише!<br>Ti piješ previše – ne pij previše! |
| Du rauchst zu viel – rauch doch nicht so viel! | Ти пушиш превише – не пуши превише!<br>Ti pušiš previše – ne puši previše! |
| Du arbeitest zu viel – arbeite doch nicht so viel! | Ти радиш пуно – не ради толико пуно!<br>Ti radiš puno – ne radi toliko puno! |
| Du fährst so schnell – fahr doch nicht so schnell! | Ти возиш тако брзо – не вози тако брзо!<br>Ti voziš tako brzo – ne vozi tako brzo! |

89 [neunundachtzig]

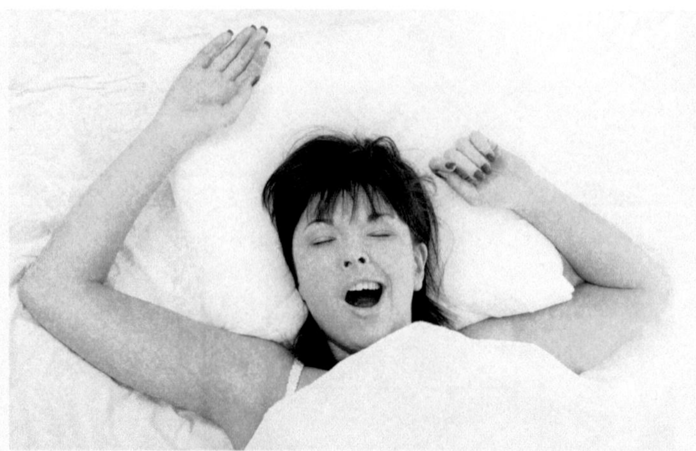

89 [осамдесет и девет]
89 [osamdeset i devet]

# Imperativ 1

# Императив 1
Imperativ 1

Stehen Sie auf, Herr Müller!
Устаните, господине Милер!
Ustanite, gospodine Miler!

Setzen Sie sich, Herr Müller!
Седите, господине Милер!
Sedite, gospodine Miler!

Bleiben Sie sitzen, Herr Müller!
Останите седети, господине Милер!
Ostanite sedeti, gospodine Miler!

Haben Sie Geduld!
Стрпите се!
Strpite se!

Nehmen Sie sich Zeit!
Не журите!
Ne žurite!

Warten Sie einen Moment!
Сачекајте један моменат!
Sačekajte jedan momenat!

Seien Sie vorsichtig!
Будите пажљиви!
Budite pažljivi!

Seien Sie pünktlich!
Будите тачни!
Budite tačni!

Seien Sie nicht dumm!
Не будите глупи!
Ne budite glupi!

90 [neunzig]

Imperativ 2

90 [деведесет]
90 [devedeset]

Императив 2
Imperativ 2

| | |
|---|---|
| Rasier dich! | Обриј се!<br>Obrij se! |
| Wasch dich! | Опери се!<br>Operi se! |
| Kämm dich! | Почешљај се!<br>Počešljaj se! |
| Ruf an! Rufen Sie an! | Назови! Назовите!<br>Nazovi! Nazovite! |
| Fang an! Fangen Sie an! | Почни! Почните!<br>Počni! Počnite! |
| Hör auf! Hören Sie auf! | Престани! Престаните!<br>Prestani! Prestanite! |
| Lass das! Lassen Sie das! | Пусти то! Пустите то!<br>Pusti to! Pustite to! |
| Sag das! Sagen Sie das! | Реци то! Реците то!<br>Reci to! Recite to! |
| Kauf das! Kaufen Sie das! | Купи то! Купите то!<br>Kupi to! Kupite to! |

90 [neunzig]

Imperativ 2

90 [деведесет]
90 [devedeset]

Императив 2
Imperativ 2

| | |
|---|---|
| Sei nie unehrlich! | Не буди никад непоштен / непоштена!<br>Ne budi nikad nepošten / nepoštena! |
| Sei nie frech! | Не буди никад безобразан / безобразна!<br>Ne budi nikad bezobrazan / bezobrazna! |
| Sei nie unhöflich! | Не буди никад некултуран / некултурна!<br>Ne budi nikad nekulturan / nekulturna! |
| Sei immer ehrlich! | Буди увек поштен / поштена!<br>Budi uvek pošten / poštena! |
| Sei immer nett! | Буди увек фин / фина!<br>Budi uvek fin / fina! |
| Sei immer höflich! | Буди увек културан / културна!<br>Budi uvek kulturan / kulturna! |
| Kommen Sie gut nach Haus! | Стигните срећно кући!<br>Stignite srećno kući! |
| Passen Sie gut auf sich auf! | Добро пазите на себе!<br>Dobro pazite na sebe! |
| Besuchen Sie uns bald wieder! | Посетите нас поново ускоро!<br>Posetite nas ponovo uskoro! |

91 [einundneunzig]

Nebensätze mit dass 1

91 [деведесет и један]
91 [devedeset i jedan]

Зависне реченице са да 1
Zavisne rečenice sa da 1

Das Wetter wird vielleicht morgen besser. — Време ће можда сутра бити боље.
Vreme će možda sutra biti bolje.

Woher wissen Sie das? — Одакле знате то?
Odakle znate to?

Ich hoffe, dass es besser wird. — Ја се надам да ће бити боље.
Ja se nadam da će biti bolje.

Er kommt ganz bestimmt. — Он сигурно долази.
On sigurno dolazi.

Ist das sicher? — Да ли је то сигурно?
Da li je to sigurno?

Ich weiß, dass er kommt. — Знам да он долази.
Znam da on dolazi.

Er ruft bestimmt an. — Он ће сигурно позвати.
On će sigurno pozvati.

Wirklich? — Стварно?
Stvarno?

Ich glaube, dass er anruft. — Ја верујем да ће звати.
Ja verujem da će zvati.

91 [einundneunzig]

## Nebensätze mit dass 1

91 [деведесет и један]

91 [devedeset i jedan]

## Зависне реченице са да 1

Zavisne rečenice sa da 1

| | |
|---|---|
| Der Wein ist sicher alt. | Вино је сигурно старо.<br>Vino je sigurno staro. |
| Wissen Sie das genau? | Знате ли то сигурно?<br>Znate li to sigurno? |
| Ich vermute, dass er alt ist. | Ја претпостављам да је старо.<br>Ja pretpostavljam da je staro. |
| Unser Chef sieht gut aus. | Наш шеф добро изгледа.<br>Naš šef dobro izgleda. |
| Finden Sie? | Сматрате ли?<br>Smatrate li? |
| Ich finde, dass er sogar sehr gut aussieht. | Сматрам да чак врло добро изгледа.<br>Smatram da čak vrlo dobro izgleda. |
| Der Chef hat bestimmt eine Freundin. | Шеф сигурно има девојку.<br>Šef sigurno ima devojku. |
| Glauben Sie wirklich? | Верујете ли стварно?<br>Verujete li stvarno? |
| Es ist gut möglich, dass er eine Freundin hat. | Врло је могуће да има девојку.<br>Vrlo je moguće da ima devojku. |

92
[zweiundneunzig]

Nebensätze mit dass 2

92 [деведесет и два]
92 [devedeset i dva]

Зависне реченице са да 2
Zavisne rečenice sa da 2

| | |
|---|---|
| Es ärgert mich, dass du schnarchst. | Љути ме што хрчеш.<br>Ljuti me što hrčeš. |
| Es ärgert mich, dass du so viel Bier trinkst. | Љути ме што пијеш пуно пива.<br>Ljuti me što piješ puno piva. |
| Es ärgert mich, dass du so spät kommst. | Љути ме што долазиш тако касно.<br>Ljuti me što dolaziš tako kasno. |
| Ich glaube, dass er einen Arzt braucht. | Ја верујем да он треба лекара.<br>Ja verujem da on treba lekara. |
| Ich glaube, dass er krank ist. | Ја верујем да је он болестан.<br>Ja verujem da je on bolestan. |
| Ich glaube, dass er jetzt schläft. | Ја верујем да он сада спава.<br>Ja verujem da on sada spava. |
| Wir hoffen, dass er unsere Tochter heiratet. | Ми се надамо да ће он оженити нашу кћерку.<br>Mi se nadamo da će on oženiti našu kćerku. |
| Wir hoffen, dass er viel Geld hat. | Ми се надамо да он има много новца.<br>Mi se nadamo da on ima mnogo novca. |
| Wir hoffen, dass er Millionär ist. | Ми се надамо да је он милионер.<br>Mi se nadamo da je on milioner. |

92
[zweiundneunzig]

Nebensätze mit dass 2

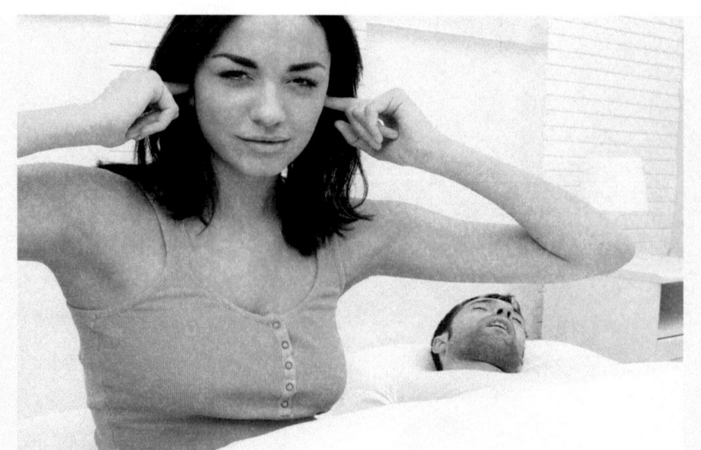

92 [деведесет и два]
92 [devedeset i dva]

Зависне реченице са да 2
Zavisne rečenice sa da 2

| | |
|---|---|
| Ich habe gehört, dass deine Frau einen Unfall hatte. | Ја сам чуо / чула да је твоја жена имала незгоду.<br>Ja sam čuo / čula da je tvoja žena imala nezgodu. |
| Ich habe gehört, dass sie im Krankenhaus liegt. | Ја сам чуо / чула да она лежи у болници.<br>Ja sam čuo / čula da ona leži u bolnici. |
| Ich habe gehört, dass dein Auto total kaputt ist. | Ја сам чуо / чула да је твоје ауто скроз покварено.<br>Ja sam čuo / čula da je tvoje auto skroz pokvareno. |
| Es freut mich, dass Sie gekommen sind. | Радује ме што сте дошли.<br>Raduje me što ste došli. |
| Es freut mich, dass Sie Interesse haben. | Радује ме што сте заинтересовани.<br>Raduje me što ste zainteresovani. |
| Es freut mich, dass Sie das Haus kaufen wollen. | Радује ме да хоћете купити кућу.<br>Raduje me da hoćete kupiti kuću. |
| Ich fürchte, dass der letzte Bus schon weg ist. | Бојим се да је задњи аутобус већ отишао.<br>Bojim se da je zadnji autobus već otišao. |
| Ich fürchte, dass wir ein Taxi nehmen müssen. | Бојим се да морамо узети такси.<br>Bojim se da moramo uzeti taksi. |
| Ich fürchte, dass ich kein Geld bei mir habe. | Бојим се да немам новца са собом.<br>Bojim se da nemam novca sa sobom. |

93 [dreiundneunzig]

# Nebensätze mit ob

93 [деведесет и три]
93 [devedeset i tri]

# Зависне реченице са да ли
Zavisne rečenice sa da li

| | |
|---|---|
| Ich weiß nicht, ob er mich liebt. | Не знам да ли ме он воли.<br>Ne znam da li me on voli. |
| Ich weiß nicht, ob er zurückkommt. | Не знам да ли ће се он вратити.<br>Ne znam da li će se on vratiti. |
| Ich weiß nicht, ob er mich anruft. | Не знам да ли ће ме позвати.<br>Ne znam da li će me pozvati. |
| Ob er mich wohl liebt? | Да ли ме он ипак воли?<br>Da li me on ipak voli? |
| Ob er wohl zurückkommt? | Да ли ће се он вратити?<br>Da li će se on vratiti? |
| Ob er mich wohl anruft? | Да ли ће ме он позвати?<br>Da li će me on pozvati? |
| Ich frage mich, ob er an mich denkt. | Питам се да ли он мисли на мене.<br>Pitam se da li on misli na mene. |
| Ich frage mich, ob er eine andere hat. | Питам се да ли он има другу.<br>Pitam se da li on ima drugu. |
| Ich frage mich, ob er lügt. | Питам се да ли он лаже.<br>Pitam se da li on laže. |

93 [dreiundneunzig]

## Nebensätze mit ob

93 [деведесет и три]
93 [devedeset i tri]

## Зависне реченице са да ли
Zavisne rečenice sa da li

| | |
|---|---|
| Ob er wohl an mich denkt? | Мисли ли он ипак на мене?<br>Misli li on ipak na mene? |
| Ob er wohl eine andere hat? | Има ли он ипак неку другу?<br>Ima li on ipak neku drugu? |
| Ob er wohl die Wahrheit sagt? | Говори ли он ипак истину?<br>Govori li on ipak istinu? |
| Ich zweifele, ob er mich wirklich mag. | Сумњам да ли ме он стварно воли.<br>Sumnjam da li me on stvarno voli. |
| Ich zweifele, ob er mir schreibt. | Сумњам да ли ће ми писати.<br>Sumnjam da li će mi pisati. |
| Ich zweifele, ob er mich heiratet. | Сумњам да ли ће ме оженити.<br>Sumnjam da li će me oženiti. |
| Ob er mich wohl wirklich mag? | Да ли ме он стварно воли?<br>Da li me on stvarno voli? |
| Ob er mir wohl schreibt? | Да ли ће ми он ипак писати?<br>Da li će mi on ipak pisati? |
| Ob er mich wohl heiratet? | Да ли ће ме он ипак оженити?<br>Da li će me on ipak oženiti? |

94 [vierundneunzig]

94 [деведесет и четири]
94 [devedeset i četiri]

## Konjunktionen 1

## Везници 1
Veznici 1

| | |
|---|---|
| Warte, bis der Regen aufhört. | Чекај док киша не престане.<br>Čekaj dok kiša ne prestane. |
| Warte, bis ich fertig bin. | Чекај док завршим.<br>Čekaj dok završim. |
| Warte, bis er zurückkommt. | Чекај док се он не врати.<br>Čekaj dok se on ne vrati. |
| Ich warte, bis meine Haare trocken sind. | Ја чекам док ми се коса не осуши.<br>Ja čekam dok mi se kosa ne osuši. |
| Ich warte, bis der Film zu Ende ist. | Ја чекам док се филм не заврши.<br>Ja čekam dok se film ne završi. |
| Ich warte, bis die Ampel grün ist. | Ја чекам док на семафору не буде зелено.<br>Ja čekam dok na semaforu ne bude zeleno. |
| Wann fährst du in Urlaub? | Када идеш на годишњи одмор?<br>Kada ideš na godišnji odmor? |
| Noch vor den Sommerferien? | Још пре летњег распуста?<br>Još pre letnjeg raspusta? |
| Ja, noch bevor die Sommerferien beginnen. | Да, још пре него почне летњи распуст.<br>Da, još pre nego počne letnji raspust. |

94 [vierundneunzig]

Konjunktionen 1

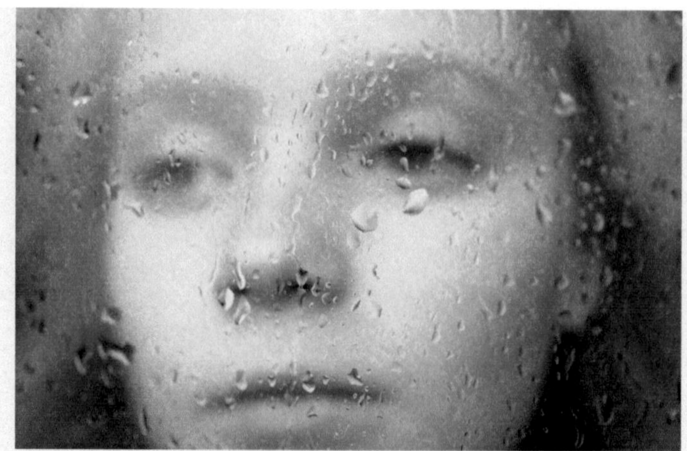

94 [деведесет и четири]
94 [devedeset i četiri]

Везници 1
Veznici 1

| | |
|---|---|
| Reparier das Dach, bevor der Winter beginnt. | Поправи кров, пре него што почне зима.<br>Popravi krov, pre nego što počne zima. |
| Wasch deine Hände, bevor du dich an den Tisch setzt. | Опери руке, пре него што седнеш за сто.<br>Operi ruke, pre nego što sedneš za sto. |
| Schließ das Fenster, bevor du rausgehst. | Затвори прозор, пре него што изађеш.<br>Zatvori prozor, pre nego što izađeš. |
| Wann kommst du nach Hause? | Када ћеш доћи кући?<br>Kada ćeš doći kući? |
| Nach dem Unterricht? | Након наставе?<br>Nakon nastave? |
| Ja, nachdem der Unterricht aus ist. | Да, након што се настава заврши.<br>Da, nakon što se nastava završi. |
| Nachdem er einen Unfall hatte, konnte er nicht mehr arbeiten. | Након незгоде коју је имао, он више није могао радити.<br>Nakon nezgode koju je imao, on više nije mogao raditi. |
| Nachdem er die Arbeit verloren hatte, ist er nach Amerika gegangen. | Када је изгубио посао, отишао је у Америку.<br>Kada je izgubio posao, otišao je u Ameriku. |
| Nachdem er nach Amerika gegangen war, ist er reich geworden. | Након што је отишао у Америку, он се обогатио.<br>Nakon što je otišao u Ameriku, on se obogatio. |

95 [fünfundneunzig]

95 [деведесет и пет]

95 [devedeset i pet]

# Konjunktionen 2

# Везници 2

Veznici 2

| | |
|---|---|
| Seit wann arbeitet sie nicht mehr? | Од када она не ради више?<br>Od kada ona ne radi više? |
| Seit ihrer Heirat? | Од њене удаје?<br>Od njene udaje? |
| Ja, sie arbeitet nicht mehr, seitdem sie geheiratet hat. | Да, она не ради више од када се удала.<br>Da, ona ne radi više od kada se udala. |
| Seitdem sie geheiratet hat, arbeitet sie nicht mehr. | Од када се удала, она не ради више.<br>Od kada se udala, ona ne radi više. |
| Seitdem sie sich kennen, sind sie glücklich. | Од када се они познају, срећни су.<br>Od kada se oni poznaju, srećni su. |
| Seitdem sie Kinder haben, gehen sie selten aus. | Од када имају децу, излазе ређе.<br>Od kada imaju decu, izlaze ređe. |
| Wann telefoniert sie? | Када ће она телефонирати?<br>Kada će ona telefonirati? |
| Während der Fahrt? | За време вожње?<br>Za vreme vožnje? |
| Ja, während sie Auto fährt. | Да, док вози ауто.<br>Da, dok vozi auto. |

95 [fünfundneunzig]

Konjunktionen 2

95 [деведесет и пет]
95 [devedeset i pet]

Везници 2
Veznici 2

| | |
|---|---|
| Sie telefoniert, während sie Auto fährt. | Она телефонира док вози ауто.<br>Ona telefonira dok vozi auto. |
| Sie sieht fern, während sie bügelt. | Она гледа телевизију док пегла.<br>Ona gleda televiziju dok pegla. |
| Sie hört Musik, während sie ihre Aufgaben macht. | Она слуша музику док ради задатке.<br>Ona sluša muziku dok radi zadatke. |
| Ich sehe nichts, wenn ich keine Brille habe. | Ја не видим ништа, када немам наочале.<br>Ja ne vidim ništa, kada nemam naočale. |
| Ich verstehe nichts, wenn die Musik so laut ist. | Ја не разумем ништа, када је музика тако гласна.<br>Ja ne razumem ništa, kada je muzika tako glasna. |
| Ich rieche nichts, wenn ich Schnupfen habe. | Ја не осећам мирисе, када имам прехладу.<br>Ja ne osećam mirise, kada imam prehladu. |
| Wir nehmen ein Taxi, wenn es regnet. | Ми узимамо такси, ако пада киша.<br>Mi uzimamo taksi, ako pada kiša. |
| Wir reisen um die Welt, wenn wir im Lotto gewinnen. | Путоваћемо око света, ако добијемо на лоту.<br>Putovaćemo oko sveta, ako dobijemo na lotu. |
| Wir fangen mit dem Essen an, wenn er nicht bald kommt. | Ми ћемо почети са јелом, ако он не дође ускоро.<br>Mi ćemo početi sa jelom, ako on ne dođe uskoro. |

96
[sechsundneunzig]

# Konjunktionen 3

96 [деведесет и шест]
96 [devedeset i šest]

# Везници 3
Veznici 3

| | |
|---|---|
| Ich stehe auf, sobald der Wecker klingelt. | Ја устајем чим будилник зазвони.<br>Ja ustajem čim budilnik zazvoni. |
| Ich werde müde, sobald ich lernen soll. | Ја постајем уморан / уморна чим требам учити.<br>Ja postajem umoran / umorna čim trebam učiti. |
| Ich höre auf zu arbeiten, sobald ich 60 bin. | Ја престајем радити чим напуним 60.<br>Ja prestajem raditi čim napunim 60. |
| Wann rufen Sie an? | Када ћете позвати?<br>Kada ćete pozvati? |
| Sobald ich einen Moment Zeit habe. | Чим будем имао / имала тренутак слободног времена.<br>Čim budem imao / imala trenutak slobodnog vremena. |
| Er ruft an, sobald er etwas Zeit hat. | Он ће звати чим буде имао нешто времена.<br>On će zvati čim bude imao nešto vremena. |
| Wie lange werden Sie arbeiten? | Колико дуго ћете радити?<br>Koliko dugo ćete raditi? |
| Ich werde arbeiten, solange ich kann. | Ја ћу радити док могу.<br>Ja ću raditi dok mogu. |
| Ich werde arbeiten, solange ich gesund bin. | Ја ћу радити док будем здрав.<br>Ja ću raditi dok budem zdrav. |

96
[sechsundneunzig]

Konjunktionen 3

96 [деведесет и шест]
96 [devedeset i šest]

Везници 3
Veznici 3

Er liegt im Bett, anstatt dass er arbeitet.
Он лежи у кревету уместо да ради.
On leži u krevetu umesto da radi.

Sie liest die Zeitung, anstatt dass sie kocht.
Она чита новине уместо да кува.
Ona čita novine umesto da kuva.

Er sitzt in der Kneipe, anstatt dass er nach Hause geht.
Он седи у кафани уместо да иде кући.
On sedi u kafani umesto da ide kući.

Soweit ich weiß, wohnt er hier.
Колико ја знам, он станује овде.
Koliko ja znam, on stanuje ovde.

Soweit ich weiß, ist seine Frau krank.
Колико ја знам, његова жена је болесна.
Koliko ja znam, njegova žena je bolesna.

Soweit ich weiß, ist er arbeitslos.
Колико ја знам, он је незапослен.
Koliko ja znam, on je nezaposlen.

Ich hatte verschlafen, sonst wäre ich pünktlich gewesen.
Ја сам преспавао / преспавала, иначе бих био тачан / била тачна.
Ja sam prespavao / prespavala, inače bih bio tačan / bila tačna.

Ich hatte den Bus verpasst, sonst wäre ich pünktlich gewesen.
Ја сам пропустио / пропустила аутобус, иначе бих био тачан / била тачна.
Ja sam propustio / propustila autobus, inače bih bio tačan / bila tačna.

Ich hatte den Weg nicht gefunden, sonst wäre ich pünktlich gewesen.
Ја нисам нашао / нашла пут, иначе бих био тачан / била тачна.
Ja nisam našao / našla put, inače bih bio tačan / bila tačna.

97 [siebenundneunzig]

97 [деведесет и седам]
97 [devedeset i sedam]

## Konjunktionen 4

## Везници 4
Veznici 4

| | |
|---|---|
| Er ist eingeschlafen, obwohl der Fernseher an war. | Он је заспао иако је телевизор био укључен.<br>On je zaspao iako je televizor bio uključen. |
| Er ist noch geblieben, obwohl es schon spät war. | Он је још остао, иако је већ било касно.<br>On je još ostao, iako je već bilo kasno. |
| Er ist nicht gekommen, obwohl wir uns verabredet hatten. | Он није дошао, иако смо се договорили.<br>On nije došao, iako smo se dogovorili. |
| Der Fernseher war an. Trotzdem ist er eingeschlafen. | Телевизор је био укључен. Упркос томе он је заспао.<br>Televizor je bio uključen. Uprkos tome on je zaspao. |
| Es war schon spät. Trotzdem ist er noch geblieben. | Било је већ касно. Упркос томе он је још остао.<br>Bilo je već kasno. Uprkos tome on je još ostao. |
| Wir hatten uns verabredet. Trotzdem ist er nicht gekommen. | Ми смо се договорили. Упркос томе он није дошао.<br>Mi smo se dogovorili. Uprkos tome on nije došao. |
| Obwohl er keinen Führerschein hat, fährt er Auto. | Он вози ауто, иако нема возачку дозволу.<br>On vozi auto, iako nema vozačku dozvolu. |
| Obwohl die Straße glatt ist, fährt er schnell. | Он вози брзо иако је улица клизава.<br>On vozi brzo iako je ulica klizava. |
| Obwohl er betrunken ist, fährt er mit dem Rad. | Он вози бицикл иако је пијан.<br>On vozi bicikl iako je pijan. |

97
[siebenundneunzig]

Konjunktionen 4

97 [деведесет и седам]
97 [devedeset i sedam]

Везници 4
Veznici 4

| | |
|---|---|
| Er hat keinen Führerschein. Trotzdem fährt er Auto. | Он нема возачку дозволу. Упркос томе он вози ауто.<br>On nema vozačku dozvolu. Uprkos tome on vozi auto. |
| Die Straße ist glatt. Trotzdem fährt er so schnell. | Улица је клизава. Упркос томе он вози брзо.<br>Ulica je klizava. Uprkos tome on vozi brzo. |
| Er ist betrunken. Trotzdem fährt er mit dem Rad. | Он је пијан. Упркос томе он вози бицикл.<br>On je pijan. Uprkos tome on vozi bicikl. |
| Sie findet keine Stelle, obwohl sie studiert hat. | Она не налази радно место иако је студирала.<br>Ona ne nalazi radno mesto iako je studirala. |
| Sie geht nicht zum Arzt, obwohl sie Schmerzen hat. | Она не иде лекару иако има болове.<br>Ona ne ide lekaru iako ima bolove. |
| Sie kauft ein Auto, obwohl sie kein Geld hat. | Она купује ауто иако нема новца.<br>Ona kupuje auto iako nema novca. |
| Sie hat studiert. Trotzdem findet sie keine Stelle. | Она је студирала. Упркос томе не налази радно место.<br>Ona je studirala. Uprkos tome ne nalazi radno mesto. |
| Sie hat Schmerzen. Trotzdem geht sie nicht zum Arzt. | Она има болове. Упркос томе не иде лекару.<br>Ona ima bolove. Uprkos tome ne ide lekaru. |
| Sie hat kein Geld. Trotzdem kauft sie ein Auto. | Она нема новца. Упркос томе она купује ауто.<br>Ona nema novca. Uprkos tome ona kupuje auto. |

98 [achtundneunzig]

98 [деведесет и осам]
98 [devedeset i osam]

## Doppelte Konjunktionen

## Дупли везници
Dupli veznici

| | |
|---|---|
| Die Reise war zwar schön, aber zu anstrengend. | Путовање је било лепо, али превише напорно.<br>Putovanje je bilo lepo, ali previše naporno. |
| Der Zug war zwar pünktlich, aber zu voll. | Воз је био тачан, али препун.<br>Voz je bio tačan, ali prepun. |
| Das Hotel war zwar gemütlich, aber zu teuer. | Хотел је био угодан, али скуп.<br>Hotel je bio ugodan, ali skup. |
| Er nimmt entweder den Bus oder den Zug. | Он узима или аутобус или воз.<br>On uzima ili autobus ili voz. |
| Er kommt entweder heute Abend oder morgen früh. | Он долази или данас увече или сутра ујутро.<br>On dolazi ili danas uveče ili sutra ujutro. |
| Er wohnt entweder bei uns oder im Hotel. | Он станује или код нас или у хотелу.<br>On stanuje ili kod nas ili u hotelu. |
| Sie spricht sowohl Spanisch als auch Englisch. | Она говори како шпански тако и енглески.<br>Ona govori kako španski tako i engleski. |
| Sie hat sowohl in Madrid als auch in London gelebt. | Она је живела како у Мадриду тако и у Лондону.<br>Ona je živela kako u Madridu tako i u Londonu. |
| Sie kennt sowohl Spanien als auch England. | Она познаје како Шпанију тако и Енглеску.<br>Ona poznaje kako Španiju tako i Englesku. |

98 [achtundneunzig]

# Doppelte Konjunktionen

98 [деведесет и осам]
98 [devedeset i osam]

# Дупли везници
Dupli veznici

Er ist nicht nur dumm, sondern auch faul.
Он не само да је глуп већ је такође и лењ.
On ne samo da je glup već je takođe i lenj.

Sie ist nicht nur hübsch, sondern auch intelligent.
Она не само да је лепа већ је и интелигентна.
Ona ne samo da je lepa već je i inteligentna.

Sie spricht nicht nur Deutsch, sondern auch Französisch.
Она не само да говори немачки већ и француски.
Ona ne samo da govori nemački već i francuski.

Ich kann weder Klavier noch Gitarre spielen.
Ја не знам свирати ни клавир ни гитару.
Ja ne znam svirati ni klavir ni gitaru.

Ich kann weder Walzer noch Samba tanzen.
Ја не знам плесати ни валцер ни самбу.
Ja ne znam plesati ni valcer ni sambu.

Ich mag weder Oper noch Ballett.
Ја не волим ни оперу ни балет.
Ja ne volim ni operu ni balet.

Je schneller du arbeitest, desto früher bist du fertig.
Што брже радиш то си раније готов.
Što brže radiš to si ranije gotov.

Je früher du kommst, desto früher kannst du gehen.
Што раније дођеш то раније можеш ићи.
Što ranije dođeš to ranije možeš ići.

Je älter man wird, desto bequemer wird man.
Што си старији то си више комотнији.
Što si stariji to si više komotniji.

99 [neunundneunzig]

99 [деведесет и девет]
99 [devedeset i devet]

## Genitiv

## Генитив
Genitiv

die Katze meiner Freundin
Мачка моје пријатељице
Mačka moje prijateljice

der Hund meines Freundes
Пас мог пријатеља
Pas mog prijatelja

die Spielsachen meiner Kinder
Играчке моје деце
Igračke moje dece

Das ist der Mantel meines Kollegen.
Ово је мантил мог колеге.
Ovo je mantil mog kolege.

Das ist das Auto meiner Kollegin.
Ово је ауто моје колегинице.
Ovo je auto moje koleginice.

Das ist die Arbeit meiner Kollegen.
Ово је посао мојих колега.
Ovo je posao mojih kolega.

Der Knopf von dem Hemd ist ab.
Дугме на кошљи је отпало.
Dugme na košlji je otpalo.

Der Schlüssel von der Garage ist weg.
Кључ од гараже је нестао.
Ključ od garaže je nestao.

Der Computer vom Chef ist kaputt.
Шефов компјутер је покварен.
Šefov kompjuter je pokvaren.

99 [neunundneunzig]

Genitiv

99 [деведесет и девет]
99 [devedeset i devet]

Генитив
Genitiv

| | |
|---|---|
| Wer sind die Eltern des Mädchens? | Ко су родитељи девојчице?<br>Ko su roditelji devojčice? |
| Wie komme ich zum Haus ihrer Eltern? | Како да дођем до куће њених родитеља?<br>Kako da dođem do kuće njenih roditelja? |
| Das Haus steht am Ende der Straße. | Кућа се налази на крају улице.<br>Kuća se nalazi na kraju ulice. |
| Wie heißt die Hauptstadt von der Schweiz? | Како се зове главни град Швајцарске?<br>Kako se zove glavni grad Švajcarske? |
| Wie heißt der Titel von dem Buch? | Који је наслов књиге?<br>Koji je naslov knjige? |
| Wie heißen die Kinder von den Nachbarn? | Како се зову деца од комшије?<br>Kako se zovu deca od komšije? |
| Wann sind die Schulferien von den Kindern? | Када је школски распуст деце?<br>Kada je školski raspust dece? |
| Wann sind die Sprechzeiten von dem Arzt? | Када су докторови термини за пацијенте?<br>Kada su doktorovi termini za pacijente? |
| Wann sind die Öffnungszeiten von dem Museum? | Када је отворен музеј?<br>Kada je otvoren muzej? |

100 [hundert]

Adverbien

100 [стотина]
100 [stotina]

Прилози
Prilozi

schon einmal – noch nie

Sind Sie schon einmal in Berlin gewesen?

Nein, noch nie.

Већ једном – још никада
Već jednom – još nikada

Јесте ли већ једном били у Берлину?
Jeste li već jednom bili u Berlinu?

Не, још никада.
Ne, još nikada.

jemand – niemand

Kennen Sie hier jemand(en)?

Nein, ich kenne hier niemand(en).

Неко – нико
Neko – niko

Познајете ли овде некога?
Poznajete li ovde nekoga?

Не, ја не познајем овде никога.
Ne, ja ne poznajem ovde nikoga.

noch – nicht mehr

Bleiben Sie noch lange hier?

Nein, ich bleibe nicht mehr lange hier.

Још – не више
Još – ne više

Остајете ли још дуго овде?
Ostajete li još dugo ovde?

Не, ја не остајем више овде.
Ne, ja ne ostajem više ovde.

100 [hundert]

Adverbien

100 [стотина]
100 [stotina]

Прилози
Prilozi

| | |
|---|---|
| noch etwas – nichts mehr | Још нешто – ништа више<br>Još nešto – ništa više |
| Möchten Sie noch etwas trinken? | Желите ли још нешто попити?<br>Želite li još nešto popiti? |
| Nein, ich möchte nichts mehr. | Не, ја не желим ништа више.<br>Ne, ja ne želim ništa više. |
| schon etwas – noch nichts | Већ нешто – још ништа<br>Već nešto – još ništa |
| Haben Sie schon etwas gegessen? | Јесте ли већ нешто јели?<br>Jeste li već nešto jeli? |
| Nein, ich habe noch nichts gegessen. | Не, ја још нисам ништа јео / јела.<br>Ne, ja još nisam ništa jeo / jela. |
| noch jemand – niemand mehr | Још неко – нико више<br>Još neko – niko više |
| Möchte noch jemand einen Kaffee? | Жели ли још неко кафу?<br>Želi li još neko kafu? |
| Nein, niemand mehr. | Не, нико више.<br>Ne, niko više. |